Heibonsha Library

訓民正音

趙義成 訳注

平凡社

本著作は二〇一〇年一一月、東洋文庫として平凡社より刊行されたものです。

凡例

一、本書は『訓民正音』解例本、およびそれと関わりの深い、いわゆる「崔万理等諺文反対上疏文」、「東国正韻序」、計三種の文章を収録した。

一、『訓民正音』解例本は、澗松文庫所蔵の『訓民正音』および『訓民正音解例』に依拠した。ただし、欠落している第一丁、第二丁は過去の研究成果を総合して誤りを正し、訳注者がテクストを確定した。

一、いわゆる「崔万理等諺文反対上疏文」は、国家記録院所蔵の太白山史庫本『世宗荘憲大王実録』(『世宗実録』)世宗二十六年二月二十日の条に現れる記述に依拠した。

一、「東国正韻序」は、建国大学校図書館所蔵の『東国正韻』に依拠した。

一、『訓民正音』解例本、「崔万理等諺文反対上疏文」、「東国正韻序」のいずれのテクストも原文は段落分けがなされていないが、本書では便宜上、訳注者が任意に段落分けした。なお、『訓民正音』解例本については、それぞれの段落の冒頭に〔 〕で段落番号を示した。

一、テクストは、はじめに現代日本語文を掲げ、次に原文を掲げた。原文は上段に漢文を載せ、下段にそれに対する訳注者による日本語訓読文を掲げた。

一、『訓民正音』解例本の原文の提示に際して、闕字《けつじ》と平出《へいしゅつ》は原文のままに従った。「崔万理等諺文反対上疏文」と「東国正韻序」の原文については、闕字のみ原文のままに従い、平出と擡《たい》頭《とう》は該当箇所の直前に「(平出)」および「(〇字擡頭)」のように示した。

一、漢文読解の手助けに、必要に応じて原文に対して注を施した。

一、『訓民正音』解例本の原文における句読点は、原文のままに従ったが、原文の中央圏点「。」は「、」で表示した。なお、日本語訓読文の句読点は、原文の句読点と必ずしも一致していない。

一、「崔万理等諺文反対上疏文」と「東国正韻序」には原文に句読点がないので、訳注者が任意に句読点を附した。

一、巻末に『訓民正音』解例本の影印を附した。この影印は澗松美術館所蔵本に依拠した。

目次

『訓民正音』解例本

訓民正音(1)

（御製序）

〔1〕わが朝鮮国の語音は中国とは違って漢字と互いに通じないので、漢字の読み書きができない民は、言いたいことがあっても、その意をのべることのできない者が多い。私・世宗はこれを憐れに思い、新たに二十八字を作った。人々が簡単に習い、日々用いるのに便利にさせたいだけである。

國之語音、異乎中國、與文字(2)不相流通、故愚民(3)、有所欲言、而終不得伸其情者多矣。予爲此憫然、新制二十八字(4)、欲使人人(5)易習、便於日用(6)耳。

国の語音、中国に異なり、文字《もんじ》と相《あ》い流通せず、故に愚民、言わんと欲する所有《あ》れども、終《つ》いに其《そ》の情を伸ぶるを得ざる者多し。予、此《これ》が為に憫然《びんぜん》たりて、新たに二十八字を制《つく》り、人々をして易《やす》く習い、日用に便《べん》ならしめんと欲するのみ。

（1）この部分は世宗による『訓民正音』の本編である。原本は冒頭の二丁が欠落しているため、もともとの表題を知ることができない。今、仮りに澗松美術館所蔵の復原本に従い「訓民正音」としておく。この本編は文字制定の目的を述べた「御製序《ぎょせいじょ》」と、各字母の紹介と簡単な運用法を述べた「例義《れいぎ》」とから成る。ただし、「御製序」という名称は原文には現れない。また「例義」の語は鄭麟趾《ていりんし》序の中に見える語であるが、章の題としては現れない。これらは区分のための便宜上の通称である。

（2）文字…漢字。象形、指事のように文様のごとく作られた文字を「文《もん》」といい、会意、形声のように「文」を合わせた文字を「字」という。『説文解字《せつもんかいじ》』序に「類に依《よ》りて形を象《かたど》る、故に之《これ》を文と謂《い》う。其《そ》の後、形声相《あ》い益し、即《すなわ》ち之を字と謂う。（依類象形、故謂之文。其後、形聲相益、即謂之字。）」とある。

（3）愚民…漢字・漢文の素養のない民。

（4）二十八字…ここで言う「字」とは、ハングル一文字のことではなく、ハングルの字母（ハングルを構成する文字のパーツ）を指している。

（5）人人…実録本、排字礼部韻略本では「人」に作る。『訓民正音』の異本については二一〇ページを参照。

（6）耳…澗松美術館所蔵の復原本は「耳」を「矣」に作るが、これは誤って復原したものである。「訓民正音諺解《げんかい》」、『世宗実録』などの諸資料から、「耳」が正しいことが判明している。

（例義）

〔2〕ㄱ、牙音《がおん》。「君」字の初めに発する音と同じである。左右に並べて書けば「虯」字の初めに発する音と同じである。ㅋ、牙音。「快」字の初めに発する音と同じである。ㆁ、牙音。「業」字の初めに発する音と同じである。

ㄱ。牙音[1]。如君字初發聲[2]。竝書[3]、如虯字初發聲。

ㅋ。牙音。如快字初發聲。

ㆁ。牙音。如業字初發聲。

ㄱ。牙音《がおん》なり。君字の初発声の如《ごと》し。並書は、虯字の初発声の如し。

ㅋ。牙音なり。快字の初発声の如し。

ㆁ。牙音なり。業字の初発声の如し。

（1）牙音…［k, ŋ］など、現代の言語学でいうところの軟口蓋音に当たる。この牙音、およびこれ以降現れる舌音《ぜつおん》・唇音《しんおん》・歯音《しおん》・喉音《こうおん》・半舌音《はんぜつおん》・半歯音《はんしおん》という用語は、いずれも元々は中国音韻学で子音を分類した用語である。牙・舌・唇・歯・喉の音を合わせて五音《ごおん》といい、これに半舌音・半歯音を加えて七音《しちおん》ともいう。

（2）初發聲…また「初声《しょせい》」とも言い、現代では「初声」と呼ぶ方が一般的である。音節の頭にある子音を指す。『訓民正音』では、一音節を「初声」（音節頭子音）、「中声《ちゅうせい》」（半母音・母音）、「終声《しゅうせい》」（音節末子音）に三分している（ここに音の高低である「声調」がさらに加わる）。『訓民正音』における音の分析は中国音韻学の影響が非常に強いのだが、音節のこのような三分法は中国音韻学に見られない、『訓民正音』独自の解釈である。中国音韻学では音節を声母（音節頭子音）と韻母（それ以外の部分、すなわち母音、音節末子音、声調）の二つに分ける。

（3）竝書…ㄲ、ㄸなどのように子音字母を左右に配して書くこと。また、「連書」と「附書」の注（二五ページ）を参照。

《補説》『訓民正音』では、語音を表示するために漢字音を利用している。例えば、「ㄱ」音を表示するために「君」の字が当てられている。「君」の音は『訓民正音』の中で「군」と示されており、これに基づいて「ㄱ」音を「君」と示している。それぞれの子音とそれを示す漢字は次のとおりである。なお、ハングルのアルファベットへの翻字（文字の置き換え）は河野六郎（一九九四）に従う。

牙音	君 ㄱ k	虯 ㄲ kk	快 ㅋ kh	業 ㆁ ŋ
舌音	斗 ㄷ t	覃 ㄸ tt	呑 ㅌ th	那 ㄴ n

唇音	彆 ㅂ p	歩 ㅃ pp	漂 ㅍ ph	弥 ㅁ m
歯音	即 ㅈ c	慈 ㅉ cc	侵 ㅊ ch	
歯音	戌 ㅅ s	邪 ㅆ ss		
喉音	挹 ㆆ ʔ	虚 ㅎ h	洪 ㆅ hh	欲 ㅇ ’
半舌音	閭 ㄹ r			
半歯音	穰 ㅿ z			

なお、『訓民正音』の中で用いられている漢字音は、当時の朝鮮で用いられていた実際の漢字音ではなく、当時の学者が理論的に作り出した人工音であった。当時の朝鮮の学者は、朝鮮で実際に通用していた漢字音を朝鮮風に誤って訛った音とし、それは本来の中国音に似せた音に人為的に改めるべきであると考えた。『訓民正音』ではそのように人為的に作り出した規範的な漢字音を用いて音を説明している。従って、それらの音は場合によっては実際に通用する漢字音と異なることもあった。例えば、「虯」の当時の実際の漢字音は「뀨」であったと見られるが、『訓民正音』初声解の中では「뀨」と示されている。

この人為的な漢字音は、後の一四四八年に『東国正韻《とうごくせいいん》』として整理・集大成される。ただし、『訓民正音』で示された人工音と『東国正韻』で示された人工音は必ずしも一致していないことから、人工音の確定には議論があったものと推測される。これについては、巻末の「解説」の「五 『訓民正音』と『東国正韻』」（二〇三ページ）も参照。

参考までに、これらの漢字の音を以下に示す。一段目は『訓民正音』で示されている音、二段目は『東国正韻』で示されている音、三段目は復原した中古音、四段目は日本の漢音、五段目は日本の呉音である。『訓民正音』では全ての漢字音が示されているわけではない。『訓民正音』の本文中に現れない音については、（ ）内に推測される音を示した。中古音の復原音は河野六郎（一九七九）に従った。日本語の字音は藤堂明保（一九七八）に従った。

君	군	군	kï̯ʷən	クン	クン
虯	뀨	뀨ᇹ	gʻi̯ĕu	キウ	ギウ
快	쾌	쾡	kʻʷai	クヮイ	クヱ
業	업	업	ngi̯ɐp	ゲフ	ゴフ
斗	（두）	두ᇹ	təu	トウ	ツ
覃	땀	땀	dʻậm	タム	ドム
呑	튼	튼	tʻən	トン	トン
那	（나）	낭	nâ	ダ	ナ
彆	볃	벼ᇙ	piet	ヘツ	ヘチ
步	（뽀）	뽕	bʻo	ホ	ブ
漂	（표）	표ᇹ	pʻi̯äu	ヘウ	ヘウ

弥	(미)	밍	mi̯iĕ	ビ	ミ
即	즉	즉	tsi̯əḱ	ショク	ソク
慈	(ᄍᆞ)	ᄍᆞᆼ	dz'i̯i	シ	ジ
侵	침	침	ts'i̯əm	シム	シム
戌	(슌)	ᄉᆔᇙ	si̯ʷĕt	シュツ	シュチ
邪	(쌰)	썅	zi̯a	シャ	ジャ
挹	(ᅙᅳᆸ)	ᅙᅳᆸ	·i̯əp	イフ	オフ
虚	(허)	헝	χi̯o	キョ	コ
洪	ᅘᅩᇰ	ᅘᅩᇰ	γung	コウ	グ
欲	(욕)	욕	ji̯ok	ヨク	ヨク
閭	(려)	령	li̯o	リョ	ロ
穰	(ᅀᅣᇰ)	ᅀᅣᇰ	ńźi̯âng	ジャウ	ニャウ

〔3〕ㄷ、舌音《ぜつおん》。「斗」字の初めに発する音と同じである。左右に並べて書けば「覃」字の初めに発する音と同じである。ㅌ、舌音。「呑」字の初めに発する音と同じである。ㄴ、舌音。「那」字の初めに発する音と同じである。

ㄷ。舌音。(1)如斗字初發聲。並書、如覃字初發聲。

ㄷ。舌音《ぜつおん》なり。斗字の初発声の如《ごと》し。並書は、覃字の初発声の如し。

ㅌ。舌音。如呑字初發聲。

ㅌ。舌音なり。呑字の初発声の如し。

ㄴ。舌音。如那字初發聲。

ㄴ。舌音なり。那字の初発声の如し。

(1) 舌音…[t, n] など、現代の言語学でいうところの歯茎音に当たる。

〔4〕ㅂ、唇音《しんおん》。「彆」字の初めに発する音と同じである。ㅃ、唇音。「歩」字の初めに発する音と同じである。ㅍ、唇音。「漂」字の初めに発する音と同じである。ㅁ、唇音。「弥」字の初めに発する音と同じである。

ㅂ。脣音。(1)如彆字初發聲。並書、如歩字初發聲。

ㅂ。唇音《しんおん》なり。彆字の初発声の如《ごと》し。並書は、歩字の初発声の如し。

ㅍ。脣音。如漂字初發聲。

ㅍ。唇音なり。漂字の初発声の如し。

ㅁ。脣音。如彌字初發聲。

ㅁ。唇音なり。弥《び》字の初発声の如し。

（1）脣音…［p, m］など、現代の言語学でいうところの両唇音に当たる。中国音韻学では［f］のような唇歯音も唇音に含まれるが、朝鮮語には唇歯音がなく、唇音と言った場合はもっぱら両唇音である。

〔5〕ㅈ、歯音《しおん》。「即」字の初めに発する音と同じである。左右に並べて書けば「慈」字の初めに発する音と同じである。ㅊ、歯音。「侵」字の初めに発する音と同じである。ㅅ、歯音。「戌」字の初めに発する音と同じである。左右に並べて書けば「邪」字の初めに発する音と同じである。

ㅈ。歯音（1）。如卽字初發聲。竝書、如慈（2）字初發聲。

ㅊ。歯音。如侵字初發聲。

ㅅ。歯音。如戌字初發聲。竝書、

ㅈ。歯音《しおん》なり。即字の初発声の如《ごと》し。並書は、慈字の初発声の如《ごと》し。

ㅊ。歯音なり。侵字の初発声の如し。

ㅅ。歯音なり。戌字の初発声の如し。並書は邪字

如邪字初發聲。

の初発声の如し。

（1）歯音…［tsʰ］、［s］など、現代の言語学でいうところの歯茎破擦音および歯茎摩擦音に当たる。

（2）慈…『排字礼部韻略本』、『経世訓民正音図説本』では誤って「玆」に作る。

〔6〕ㆆ、喉音《こうおん》。「挹」字の初めに発する音と同じである。ㆅ、喉音。「虚」字の初めに発する音と同じである。左右に並べて書けば「洪」字の初めに発する音と同じである。ㅇ、喉音。「欲」字の初めに発する音と同じである。

ㆆ(1)。喉音(2)。如挹字初發聲。

ㆅ。喉音。如虛字初發聲。竝書、如洪字初發聲。

ㅇ。喉音。如欲字初發聲。

ㆆ。喉音《こうおん》なり。挹字の初発声の如《ごと》し。

ㆅ。喉音なり。虚字の初発声の如し。並書は、洪字の初発声の如し。

ㅇ。喉音なり。欲字の初発声の如し。

（1）ㆆ…この字母は［ʔ］音（声門閉鎖音）を表す字母と推測されるが、当時の朝鮮語では［ʔ］が独立した一個の子音音素をなしていなかった（すなわち、子音として区別・認識しうる音ではなかった）と見られる（現代の朝鮮語も同様）。従って、この字母は特別な場合を除き、通常の朝鮮語音の表記に用いられるのは稀であった。

このように、朝鮮語音の表記のためには実質的に不要であったともいえるㆆという字母が作られたことについては、「解説」一九九ページを参照。

（2）喉音…［h］など、現代の言語学でいうところの声門音に当たる。また、「欲（욕）」のように音節頭子音がないものも喉音に分類される。

〔7〕ㄹ、半舌音。「閭」字の初めに発する音と同じである。ㅿ、半歯音。「穰」字の初めに発する音と同じである。

ㄹ。半舌音。(1) 如閭字初發聲。　　ㄹ。半舌音なり。閭字の初発声の如《ごと》し。

ㅿ。半齒音。(2) 如穰字初發聲。　　ㅿ。半歯音なり。穰字の初発声の如し。

（1）半舌音…現代の言語学でいうところの流音に当たる。元の中国音韻学では、中国語音の[l]（歯茎側面接近音）を指す用語である。朝鮮語の音節頭子音としては、一般的に[ɾ]（歯茎弾《はじ》き音）である。復原本では「半舌。音」のように誤って句読点を施している。

（2）半歯音…現代の言語学でいうところの歯茎摩擦音の一種に当たる。当時の朝鮮語音としては[z]であったと推測される。

《補説》原本は「ㄹ。半舌音。如閭字初發聲。」までが欠落を復原した部分で、「ㅿ」以降からが十五世紀に作られた原本の部分である。

〔8〕・は「吞」字の真ん中の音と同じである。ㅡは「即」字の真ん中の音と同じである。ㅣは「侵」字の真ん中の音と同じである。ㅗは「洪」字の真ん中の音と同じである。ㅏは「覃」字の真ん中の音と同じである。ㅜは「君」字の真ん中の音と同じである。ㅓは「業」字の真ん中の音と同じである。

・。如吞字中聲(1)。

・。吞字の中声《ちゅうせい》の如《ごと》し。

ㅡ。如卽字中聲。
ㅣ。如侵字中聲。
ㅗ。如洪字中聲。
ㅏ。如覃字中聲。
ㅜ。如君字中聲。
ㅓ。如業字中聲。

ㅡ。即字の中声の如し。
ㅣ。侵字の中声の如し。
ㅗ。洪字の中声の如し。
ㅏ。覃字の中声の如し。
ㅜ。君字の中声の如し。
ㅓ。業字の中声の如し。

（1）中聲…半母音および母音を指す。また、「初發聲」の注（一三ページ）を参照。

《補説》初声の場合と同様に、中声においても漢字音を利用して音を示している。用いられる漢字は初声の表示に用いられた漢字が流用されている。ハングルのアルファベットへの翻字（文字の置き換え）は河野六郎（一九九四）に従う。

呑 ・ ʌ	即 ㅡ ɯ	侵 ㅣ i	
洪 ㅗ o	覃 ㅏ a	君 ㅜ u	業 ㅓ ə
欲 ㅛ yo	穰 ㅑ ya	戌 ㅠ yu	彆 ㅕ yə

〔9〕ㅛは「欲」字の真ん中の音と同じである。ㅑは「穰」字の真ん中の音と同じである。ㅠは「戌」字の真ん中の音と同じである。ㅕは「彆」字の真ん中の音と同じである。

ㅛ。如欲字中聲。

ㅛ。欲字の中声の如《ごと》し

ㅑ。如穰字中聲。

ㅑ。穰字の中声の如し。

ㅠ。如戌字中聲。

ㅠ。戌字の中声の如し。

ㅕ。如彆字中聲。

ㅕ。彆字の中声の如し。

〔10〕終声《しゅうせい》字は初声字をそのまま用いる。ㅇを唇音字（ㅂ、ㅍ、ㅃ、ㅁ）の下に連ねて書けば唇軽音を表す字（ㅸ、ㆄ、ㅹ、ㅱ）になる。初声字を組み合わせて用いるときは左右に並べて書く。終声の場合も同様である。ㆍ、ㅡ、ㅗ、ㅜ、ㅛ、ㅠは初声字の下に付けて書く。ㅣ、ㅏ、ㅓ、ㅑ、ㅕは初声字の右に付けて書く。全ての字母は必ず組み合わせることで一つの音節をなす。文字の左に点を一つ付ければ去声《きょしょう》、二つ付ければ上声《じょうしょう》、点がなければ平声《ひょうしょう》である。

入声《にっしょう》の場合も同じく点を付けるが、（音が）詰まっていて急である。

終聲(1)復(2)用初聲。○連書(3)脣音之下、則爲脣輕音(4)。初聲合用(5)則竝書、終聲同。・ㅡㅗㅜㅛㅠ、附書(6)初聲之下。ㅣㅏㅓㅑㅕ、附書於右。凡字必合而成音(7)。左加一點(8)則去聲(9)、二則上聲(9)、無則平聲(9)。入聲(9)加點同而促急。

終声は復《ま》た初声を用いる。○を唇音の下に連書すれば、則《すなわ》ち唇軽音を為す。初声の合用は則ち並書し、終声も同じ。・ㅡㅗㅜㅛㅠは、初声の下に附書す。ㅣㅏㅓㅑㅕは右に附書す。凡《およ》そ字は必ず合して音を成す。左に一点を加うれば則ち去声《きょしょう》、二すれば則ち上声《じょうしょう》、無きは則ち平声《ひょうしょう》なり。入声《にっしょう》は加点すること同じかれども促急なり。

（1）終聲…音節末子音を指す。また、「初發聲」の注（一二ページ）を参照。

（2）復…原本では「復」字の右肩に圏点（。）が附されている。これは声調を示す圏点であり、左下にあれば平声《ひょうしょう》、左上にあれば上声《じょうしょう》、右上にあれば去声《きょしょう》、右下にあれば入声《にっしょう》を表す。「復」は「ふたたび」の意の場合は去声で発音し、「かえる」の意の場合は入声で発音するというように、二種の異なる音を持つ。このような場合、『訓民正音』では声調を示す圏点を附している。

（3）連書…子音字母を上下に配して書くこと。また、「竝書」の注（一三ページ）、「附書」の注（6）を参照。
（4）脣輕音…四三ページ注（1）参照。
（5）合用…異なる字母を組み合わせること。
（6）附書…子音字母と母音字母を組み合わせること。また、「竝書」の注（一三ページ）、「連書」の注（3）を参照。
（7）凡字必合而成音…「音」とはこの場合、一音節を指す。
（8）點…一音節の音の高低を示す点で、「傍点《ぼうてん》」あるいは「声点《しょうてん》」と呼ばれる。音の高低については左の注（9）を参照。
（9）去聲、上聲、平聲、入聲…これらはもともと中国音韻学において、一音節内部における音の上がり下がりを表した用語で、まとめて声調という。いま、『訓民正音』では中国音韻学の用語を援用して朝鮮語の音の高低を言っている。去声とは高調の拍、平声とは低調の拍、上声とは低調と高調の複合拍を指す。入声は音の高低に関係なく、[-p]、[-k]など閉鎖音で終わる拍を指す。この当時の朝鮮語は日本語のように音の高低によって単語の意味を区別しえたが、現代朝鮮語（標準語）は音の高低により単語の意味を区別することはない。なお、現代朝鮮語でも東北方言（咸鏡道《かんきょうどう》方言）と東南方言（慶尚道《けいしょうどう》方言）は十五世紀朝鮮語のように音の高低で単語の意味を区別しうる。

訓民正音解例(1)

制字解(2)

〔11〕この世界のすべては、陰陽五行の理《ことわり》に貫かれている。陰の極みから陽が兆し始めるのが太極であり、動静の後が陰陽となる。（この世はそのように生成変化を繰り返しているので）天地の間にある全ての生きとし生けるものは、陰陽を捨て去ってしまったら、一体どうなるだろうか。ゆえに、人の音声にもみな陰陽の理《ことわり》があるのだが、人はそれに気づいていないだけなのである。今日、訓民正音を作ったのは、知恵を絞り力ずくで求めたのでは決してなく、ただ人の音声に基づいて陰陽五行の理《ことわり》を見極めただけである。理《ことわり》は唯一無二である以上、どうして（人の音声が）天地の気の霊妙な働きと同じでないことがあろうか。

天地之道、一陰陽五行(3)而已。坤復之間爲太極(4)、而動靜之後爲陰陽(5)。

天地の道は、一に陰陽五行のみ。坤《こん》・復《ふく》の間は太《たい》極《きょく》と為《な》りて、動静の後に陰陽と為る。凡《およ》そ生類《せいるい》有

凡有生類在天地之間者、捨陰陽而何之。故人之聲音(6)、皆有陰陽之理、顧人不察耳。今正音之作、初非智營而力索、但因其聲音而極其理而已。理既不二、則何得不與天地鬼神(7)同其用也。

りて天地の間に在る者は、陰陽を捨てて何《いず》くにか之《ゆ》かん。故に人の声音、皆、陰陽の理有れども、顧《た》だ人、察せざるのみ。今、正音を之《こ》れ作るは、初めより智営して力索するに非《あら》ず、但《た》だ其《そ》の声音に因《よ》りて其の理を極むるのみ。理、既に二ならざれば、則《すなわ》ち何ぞ天地鬼神《きしん》と其の用《よう》を同じくせざるを得んや。

(1)「解例《かいれい》」とは解説と用例の意。『訓民正音』の本編に続くこの『訓民正音解例』は、本編に対する解説部分ということになる。

(2)「制字《せいじ》解《かい》」は文字をどのように制作したかについての解説である。この章において、この文字の思想的および音韻学的な合理性の根拠が示されている。

(3)陰陽五行…陰陽とは、天地・男女・昼夜のように相対する二つの気のことであり、五行とは万物を作り出す木・火・土・金・水の五要素のことである。天地間の万物はこの陰陽と五行によって形作られるとされる。陰陽・五行はともに固定的なものではなく、相対的で常に移り変わるものであるとされる。

(4)坤復之間爲太極…坤《こん》も復《ふく》も易の卦《か》の一つ。卦は六つの爻《こう》(陰陽の記号)から成り、爻は陽爻（⚊）と陰爻（⚋）とがある。卦は六十四種があるが、そのうち万物の移り変わりを象徴する十二の卦を消長卦《しょうちょうか》（消息卦ともいう）という。坤も復も消長卦のうちの一つである。消長卦は陰に満ちた気の最下部から陽の気が兆し始めたのを表す復䷗に始まり、臨䷒、泰䷊と徐々に陽が盛んになり、乾《けん》䷀に至って陽の気が充満する。以降は姤《こう》䷫、遯《とん》䷠と徐々に陰が盛んになり、坤《こん》䷁に至って陰の気が満ちて終わる。坤は陰が極まり万物が消え去ったことを表し、復は陽が初めて生じ、万物が生成し始めることを表す。

　太極とは万物の根源、根本原理を言う。『易経』繋辞上伝に「易に太極有り、是《こ》れ両儀を生じ、両儀は四象を生じ、四象は八卦を生ず。（易有太極、是生兩儀、兩儀生四象、四象生八卦。）」とある。朱子学においては、万物が生成変化する原理を太極と捉える。ここでは、陰の極致である坤から陽が兆し出す復への変化の中に、生成変化の原理たる太極を見たのであろう。

（5）動靜之後爲陰陽…周敦頤《しゅうとんい》『太極図説』に「太極動いて陽を生み、動極まりて静まる。静まりて陰を生み、静極まりて復《ま》た動く。（太極動而生陽、動極而靜。靜而生陰、靜極而復動。）」とある。

（6）聲音…音楽的な音響を言うこともあるが、ここでは人間の発する音声を指す。なお、「声」と「音」は厳密には別の概念で、例えば『礼記《らいき》』「楽記《がっき》」には「物に感じて動く、故に声に形《あら》わる。声、相い応ず、故に変生まる。変じて方《ほう》を成す、之《これ》を音と謂《い》う。（感於物而動、故形於聲。聲相應、故生變。變成方、謂之音。＝外界に感応して心が動けば音声となって現れる。声が反応し合えば変化が生まれる。変化が一定の秩序を持ったものを楽音という。)」とあり、鄭玄注に「雑《まじわ》りて比《なら》ぶは音と曰《い》い、単《ひとえ》に出《い》ずるは声と曰《い》う。(雑比曰音、單出曰聲。)」とある。また、『洪武正韻《こうぶせいいん》』序に「単《ひとえ》に出《い》ずるは声と曰《い》い、文を成すは音たり。(單出曰聲、成文爲音。)」とある。

『訓民正音』の中では、個々の言語的な音声を「聲」と呼び、音階や子音の種類のように整理された音の体系を「音」と呼んでいるようである。

(7) 鬼神…もともとは死者の霊魂や、天地・山川の精霊を意味した。後にこの世のあらゆる現象は鬼神の作用であるとし、鬼神を気の霊妙な作用と考えるようになる。ここでは後者の意味。朱子学では「鬼神は、造化の迹《あと》なり。(鬼神者、造化之迹也。=鬼神は造化の痕跡である。)」(程頤《ていい》『程氏易伝』乾卦文言伝)、「鬼神は、二気の良能なり。(鬼神者、二氣之良能也。=鬼神は陰陽のすぐれた作用である。)」(張載『正蒙』太和篇)を根拠として、自然現象と鬼神とを表裏一体のものと捉える。

《補説》訓民正音は朱子学の世界観で貫かれている。そして、訓民正音の解説書である『訓民正音解例』ではその冒頭に、この文字が朱子学的な世界観に根差したものであることを、まず宣言している。

〔12〕訓民正音には二十八の字母があり、それぞれ何らかの形をかたどって作られた。初声は全部で十七字母である。牙音字ㄱは、舌根が喉をふさぐ形をかたどっている。舌音字ㄴは、舌が上歯茎に付く形をかたどっている。唇音字ㅁは、口の形をかたどっている。歯音字ㅅは、歯の形を象徴している。喉音字ㅇは、喉の形をかたどっている。ㅋはㄱに比べ音声がやや激しく出るので、画《かく》を加えた。ㄴからㄷ、ㄷからㅌ、ㅁからㅂ、ㅂからㅍ、ㅅからㅈ、ㅈからㅊ、ㅇからㆆ、ㆆからㅎは、音声の激しさに基づいて画を加えるという意味でみな同じである。だが、唯一ㆁだけは（牙音字なのにㄱに画を加えて作ったのではないので）別である。半舌音字ㄹと半歯音字ㅿも舌の形、歯の形をかたどりつつも、それぞれの字の形体が異なっているのであり、画を加えるという意味はない。

正音二十八字、各象其形而制之。初聲凡十七字。牙音ㄱ、象舌根閉喉之形。舌音ㄴ、象舌附上腭(1)之形。脣音ㅁ、象口形。歯音ㅅ、象歯形。喉音ㅇ、象喉形。ㅋ比ㄱ、聲出稍

正音は二十八字、各々其《そ》の形を象《かたど》りて之《これ》を制《つく》る。初声は凡《およ》そ十七字なり。牙音ㄱは、舌根喉を閉づるの形を象る。舌音ㄴは、舌上腭《じょうがく》に附くの形を象る。唇音ㅁは、口形を象る。歯音ㅅは、歯形を象る。喉音ㅇは、喉形を象る。ㅋはㄱに比べ、声

厲、故加畫。ㄴ而ㄷ、ㄷ而ㅌ、ㅁ而ㅂ、ㅂ而ㅍ、ㅅ而ㅈ、ㅈ而ㅊ、ㅇ而ㆆ、ㆆ而ㅎ、其因聲加畫之義皆同、而唯ㆁ爲異。(2) 半舌音ㄹ、半齒音ㅿ、亦象舌齒之形而異其體、無加畫之義焉。

の出ずること稍々《やや》厲《はげ》し、故に画《かく》を加う。ㄴにしてㄷ、ㄷにしてㅌ、ㅁにしてㅂ、ㅂにしてㅍ、ㅅにしてㅈ、ㅈにしてㅊ、ㅇにしてㆆ、ㆆにしてㅎ、其の声に因《よ》りて画を加うるの義、皆同じかれども、唯《た》だㆁは異《こと》と為《な》す。半舌音ㄹ、半歯音ㅿも亦《ま》た舌、歯の形を象りて其の体を異にし、画を加うるの義無し。

（1）上腭…上歯茎。「腭」は「齶」に同じ。

（2）唯ㆁ爲異…ㆁ（[ŋ]）は牙音に属するので、本来ならばㄱに加画して字形を作るべきであるのだが、そのようにしていない。これは、意図的に喉音のㅇに似せて字形を定めたものである。詳細は三八ページおよび《補説》四一ページ参照。

《補説》ここでは子音字母の創制原理が説明されている。ㄱㄴㅁㅅㅇの五つの基本字母については「象形」、その他の字母については「加画」という原理を用いている。

音	基本字	加画	異体	（異）
牙	ㄱ	→ㅋ		ㆁ
舌	ㄴ	→ㄷ→ㅌ	ㄹ	
唇	ㅁ	→ㅂ→ㅍ		
歯	ㅅ	→ㅈ→ㅊ	ㅿ	
喉	ㅇ	→ㆆ→ㅎ		

〔13〕そもそも人に音声があるのは五行に根ざしたことである。ゆえに、これらを四季に照らし合わせても食い違いがなく、五音階に照らし合わせても食い違いがない。喉は深くて潤っており、五行でいう水である。音声はうつろで通っていて、水が透き通って明るく流れるのと似ている。季節では冬、音階では羽《う》に当たる。牙は互いにかみ合って長く、五行でいう木である。音声は喉音に似ているが中身が詰まっており、木が水から生じるのに形があるのと似ている。季節では春、音階では角《かく》に当たる。舌は鋭くて動き、五行でいう火である。音

声は揺らめいて揚がり、火が揺らめいて高く揚がるのに似ている。季節では夏、音階では徴《ち》に当たる。歯は硬くて物を断ち切り、五行でいう金である。音声は細やかで滞り、金が細やかで鍛錬されてできあがるのに似ている。季節では秋、音階では商《しょう》に当たる。唇は四角くて合わさり、五行でいう土である。音声は含みがあって広く、土が万物を含んで広大であるのに似ている。季節では晩夏、音階では宮《きゅう》に当たる。

夫人之有聲本於五行。故合諸四時(1)而不悖、叶之五音(2)而不戻。喉邃而潤、水也。聲虚而通、如水之虚明而流通也。於時爲冬、於音爲羽。牙錯而長、木也。聲似喉而實(3)、如木之生於水而有形也。於時爲春、於音爲角。舌鋭而動、火也。聲轉而颺、如火之轉展而揚揚也。於時爲夏、於音爲徵。齒剛而斷、金也。聲屑而滯、如金之屑瑣而鍛成也。

夫《そ》れ人の声有るは五行に本づく。故に諸《これ》を四時《しいじ》に合せて悖《もと》らず、之《これ》を五音に叶《かな》えて戻《もと》らず。喉は邃《ふか》くして潤い、水なり。声は虚《うつろ》にして通じ、水の虚明にして流通するが如《ごと》きなり。時に於《おい》ては冬たり、音に於ては羽《う》たり。牙は錯《まじ》わりて長く、木なり。声は喉に似れども実《じつ》し、木の水より生ずれども形有るが如きなり。時に於ては春たり、音に於ては角たり。舌は鋭くして動き、火なり。声は転じて颺《あ》がり、火の転展として揚揚たるが如きなり。時に於ては夏たり、音に於ては徴《ち》たり。歯は剛にし

於時爲秋、於音爲商。脣方而合、土也。聲含而廣、如土之含蓄萬物而廣大也。於時爲季夏(4)、於音爲宮。

て断ち、金なり。声は屑《こまか》くして滞り、金の屑瑣《せっさ》にして鍛成するが如きなり。時に於ては秋たり、音に於ては商たり。唇は方《ほう》にして合い、土なり。声は含みて広く、土の万物を含蓄して広大なるが如きなり。時に於ては季夏たり、音に於ては宮たり。

(1) 四時…四季。四時を五行に割り当てる際には、春・夏・秋・冬・季夏の五つに区分する。
(2) 五音…ここでは角・徴《ち》・宮・商・羽という音楽の五音階を指す。五声ともいう。ただし、中国音韻学の世界では、牙・舌・唇・歯・喉の五つの言語音を指して五音と称する。
(3) 聲似喉而實…「實」は中身が詰まっていること。「虚」(中身がうつろなこと)の対になる概念。牙音は喉音に似ているが、喉音が虚しているのに対し、牙音は実していると言っている。
(4) 季夏…晩夏。陰暦六月。

《補説》ここでは、言語の音を五行に当てはめて説明している。それぞれを表にまとめ直すと、左のようになる。方位については、次の〔14〕に述べられている。

器官	五行	時	音	方位
喉	水	冬	羽	北
牙	木	春	角	東
舌	火	夏	徴	南
歯	金	秋	商	西
唇	土	季夏	宮	―

木・火・土・金・水の五行に、牙・舌・唇・歯・喉の五つの言語音と、角・徴《ち》・宮・商・羽の五音階をどのように配当するかについては、中国の韻書によって記述にばらつきがある。『訓民正音』では喉音を水・羽に、唇音を土・宮に配しているが、例えば『玉篇《ぎょくへん》』の「三十六字母五音五行清濁傍通撮要図」では、逆に唇音を水・羽に、喉音を土・宮に配している。なお、後世の書籍であるが、崔世珍《さいせいちん》『四声通解《しせいつうかい》』（一五一七年）所収の「広韻三十六字母之図」と「洪武韻三十一字母之図」は玉篇の記述と同じであるが、「韻会三十五字母之図」は喉音を羽、唇音を宮としており、『訓民正音』の記述と同じである。

〔14〕そして、水は物を生み出す源であり、火は物を作り上げる働きがあるので、五行の中では水と火とが大いなるものである。（それと同様に、水に当たる）喉は音声を出す門の役割をし、（火に当たる）舌は音声を分ける道具の役割をするので、五音の中では喉音と舌音が主たるものである。（口の中は）喉が後方にあって牙がその手前にある。喉は北、牙は東の位置である。舌と歯がまたその前にある。舌は南、歯は西の位置である。唇が最後にあるのは、土には定まった位置がなく、四季に寄り添って盛んになるということを意味する。このことは、初声の中におのずから陰陽、五行、方位の道理があるということである。

然水乃生物之源、火乃成物之用、故五行之中、水火爲大。(1)喉乃出聲之門、舌乃辨聲之管、故五音之中、喉舌爲主也。喉居後而牙次之、北東之位也。舌歯又次之、南西之位也。脣居末、土無定位而寄旺四季(2)(3)之義也。是則初聲之中、自有陰陽

然《しか》るに水は乃《すなわ》ち生物の源、火は乃ち成物の用、故に五行の中《うち》、水・火、大たり。喉は乃ち出声の門、舌は乃ち弁声の管、故に五音の中《うち》、喉・舌、主たるなり。喉後に居して牙、之《これ》に次ぐ、北・東の位なり。舌・歯、又た之《これ》に次ぐ、南・西の位なり。唇末に居す、土、定位無くして四季に寄旺《きおう》するの義なり。是《こ》れ則《すなわ》ち初声の中に、自《おの》ずから陰陽五行

五行方位之數也。　方位の数有るなり。

（1）五行之中、水火爲大…五行は水、火、木、金、土の順に生成されたとされる。その一番目である水と二番目である火を、五行の中で大いなるものとした。この生成順は、のちの母音の説明の中でも現れる。

（2）土無定位…五行のうち木・火・金・水はそれぞれ春・夏・秋・冬に配当されるが、土だけは特定の季節に配当されず、四季の末に配当される。

（3）寄旺…四季の末に土が配当されるのは、各季節の終わり（いわゆる土用）に土気が盛んになるためとされる。このように四季の末に寄りかかって土気が旺盛になることを「寄《き》旺《おう》」という。それぞれの季節の末に配当された土のうち、夏の末（季夏）に配当された土気が最も旺盛であるとされる。それゆえ、訓民正音においても「土は季節でいえば晩夏である」と説明している。

〔15〕さらに、音声の清濁に絡めてこのことを説明する。ㄱ、ㄷ、ㅂ、ㅈ、ㅅ、ㆆは全清《ぜんせい》である。ㅋ、ㅌ、ㅍ、ㅊ、ㅎは次清《じせい》である。ㄲ、ㄸ、ㅃ、ㅉ、ㅆ、ㆅは全濁《ぜんだく》である。ㆁ、ㄴ、ㅁ、ㅇ、ㄹ、ㅿは不清不濁《ふせいふだく》である。ㄴ、ㅁ、ㅇは音声が最も激しくないので、提示の順序が後ろ

であるとはいえ、形を象徴し、字を作る上でこれを出発点とした。ㅅとㅈはともに全清であるが、ㅅはㅈに比べ音声が激しくないので、これまた文字作りの出発点とした。唯一、牙音のㆁは舌根が喉をふさいで音声と気息が鼻から出るけれども、その音声がㅇと似かよっているために、中国の韻書では「疑」の頭子音（[ŋ]）と「喩」の頭子音（[j]）を多くは混同して用いている。ここでもまた同じように、形を喉音字「ㅇ」から作り、牙音字「ㄱ」を文字作りの出発点としなかった。推測するに、喉音は水に属し牙音は木に属すが、ㆁが牙音に属すのにもかかわらずㅇと似ているのは、あたかも木の芽が水から生じて柔らかく、まだ水気の多いといったことのようなものなのだろう。ㄱは木が形を成すことであり、ㅋは木が生い茂ることであり、ㄲは木が老いることであるから、ここまではみな牙（ㄱ）から形を取るのである。

又以聲音清濁而言之。ㄱㄷㅂㅈㅅㆆ、爲全清。(1) ㅋㅌㅍㅊㅎ、爲次清。(2) ㄲㄸㅃㅉㅆㆅ、爲全濁。(3) ㆁㄴㅁㅇㄹㅿ、爲不清不濁。(4) ㄴㅁㅇ、其聲最不厲、故次序雖在於後、(5) 而象形

又た声音の清濁を以《もっ》てして之《これ》を言う。ㄱㄷㅂㅈㅅㆆは、全清たり。ㅋㅌㅍㅊㅎは、次清たり。ㄲㄸㅃㅉㅆㆅは、全濁たり。ㆁㄴㅁㅇㄹㅿは、不清不濁たり。ㄴㅁㅇは、其の声最も厲《はげ》しからず、故に次序後に在ると雖《いえど》も象形・制字は則《すなわ》ち之《これ》を始めと

制字則爲之始。ㅅㅈ雖皆爲全淸、而ㅅ比ㅈ、聲不厲、故亦爲制字之始。唯牙之ㆁ雖舌根閉喉聲氣出鼻、而其聲與ㅇ相似、故韻書疑與(6)喩多相混用、今亦取象於喉、而不爲牙音制字之始。蓋喉屬水而牙屬木、ㆁ雖在牙而與ㅇ相似、猶木之萌芽生於水而柔軟、尚多水氣也。ㄱ木之成質、ㅋ木之盛長、ㄲ木之老壯、故至此乃皆取象於牙也。

為《な》す。ㅅㅈは皆全清たりと雖も、ㅅはㅈに比べて、声厲《はげ》しからず、故に亦《ま》た制字の始めと為す。唯だ牙のㆁは舌根喉を閉じ、声気鼻を出ずると雖も、其の声ㅇと相い似たり、故に韻書、疑と喩《ゆ》と多く相い混用す。今、亦た象《かたち》を喉より取りて、牙音を制字の始と為さず。蓋《けだ》し喉は水に属して牙は木に属するに、ㆁは牙に在ると雖もㅇと相い似たるは、猶《な》お木の萌芽水より生じて柔軟にして、尚《な》お水気多きがごときならん。ㄱは木の成質、ㅋは木の盛長、ㄲは木の老壮、故に此《ここ》に至るまで乃《すなわ》ち皆、象《かたち》を牙より取るなり。

（1）全清…「清・濁」は中国音韻学における子音の区分法の一つである。大まかに言って、清音は現代言語学の無声音に当たり、濁音は有声音に当たる。中国音韻学における全清音は、[p] や [t] など現代言語学でいう無気無声の阻害音（破裂音、摩擦音の類）に相当する。ここで言う朝鮮語の全清音は、いわゆる平音《へいおん》を指す。平音とは [p/b] や [t/d] など、有声ないしは無声の無気阻害音である。朝鮮語の阻害音には有声・無声の対立がない。よって、例えば［p］と［b］は区別されず、ともに同じ音と認識される。

（2）次清…中国音韻学においては、［pʰ］や［tʰ］など、現代言語学でいう有気無声の阻害音のことを指す。朝鮮語の次清音も、同じく有気無声の阻害音である激音《げきおん》を指している。

（3）全濁…中国音韻学においては、［b］や［d］など、現代言語学でいう有声の阻害音のことを指す。しかしながら、朝鮮語の阻害音には有声・無声の対立がないため、『訓民正音』で語られている朝鮮語の全濁音は、濃音《のうおん》を指している。現代朝鮮語の濃音は［p'］や［t'］など、声門の緊張を伴った子音である。この時代（十五世紀）の濃音も、それに類する音であっただろうと思われる。

（4）不清不濁…中国音韻学においては「次濁」、「清濁」、「半清半濁」とも呼ばれ、現代言語学においては、［m］や［l］など、鼻音・流音などの有声音のことを指す。ここで語られている朝鮮語の不清不濁音も、同様の音を指している。

（5）次序雖在於後…ㄴ、ㅁ、ㅇは不清不濁の音である。子音は通常、全清、次清、全濁、不清不濁という順序で提示される。ㄴ、ㅁ、ㅇといった不清不濁音は提示の順序が後ろであることをここでは言っている。

（6）疑、喩…韻書では漢字音の声母（頭子音）を表示するのに、その声母を持つ特定の漢字で表した。その声母表示用の漢字を「字母」といい、当該声母を「〜母」のように表現する。例えば「見」は［k］音を表す字母であり、［k］音を指して「見母」と称する。「疑」は

[ŋ] 音を表す字母であり、「喩」は [j] 音を表す字母である。

《補説》五音（七音）と清濁に従って子音を分類すると、以下のとおりである。

	全清	次清	全濁	不清不濁
牙音	君 ㄱ k	快 ㅋ kh	虯 ㄲ kk	業 ㆁ ŋ
舌音	斗 ㄷ t	呑 ㅌ th	覃 ㄸ tt	那 ㄴ n
唇音	彆 ㅂ p	漂 ㅍ ph	歩 ㅃ pp	弥 ㅁ m
歯音	即 ㅈ c	侵 ㅊ ch	慈 ㅉ cc	
	戌 ㅅ s		邪 ㅆ ss	
喉音	挹 ㆆ ʔ	虚 ㅎ h	洪 ㆅ hh	欲 ㅇ ’
半舌音				閭 ㄹ r
半歯音				穰 ㅿ z

三〇ページで、牙音字はㄱに画を加えて作られるべきであるのに、ㆁだけはそのように作られていないという説明があったが、その理由がここで述べられている。中国中古音（隋・唐時代

の漢字音）における声母のうち、疑母は十二世紀ごろよりその音価を失う。その結果、疑母と喩母は区別がなくなり、中国における韻書もそれを反映した記述が見られるようになる。中国の韻書において疑母と喩母の混同が見られるがゆえに、訓民正音の字形も両者を似せて作ったわけである。

〔16〕全清の字母を並べて書いて全濁とするのは、全清の音声が凝固して全濁になるからである。唯一、喉音だけ次清（ㅎ）が全濁（ㆅ）となるのは、おそらくㆆの音声が深いがために凝固しないのだろう。ㅎはㆆに比べて音声が浅いので、凝固して全濁となるのである。

全清竝書則爲全濁、以其全清之聲凝則爲全濁也。唯喉音次清爲全濁者、蓋以ㆆ聲（1）深不爲之凝、ㅎ比ㆆ聲淺、故凝而爲全濁也。

全清を並書すれば則《すなわ》ち全濁と為《な》すは、其《そ》れ全清の声凝《こ》れば則ち全濁と為るを以《もっ》てなり。唯だ喉音のみ次清、全濁と為すは、蓋《けだ》しㆆの声深きを以て之《これ》が為《ため》に凝らざらん、ㅎはㆆに比して声浅く、故に凝りて全濁と為るなり。

（1）ㆆ聲深…ㆆ音は声門破裂音［ʔ］と推定される。実際に［ʔ］は喉《のど》の奥で発せられる音であり、これを「声が深い」と表現したものと見られる。

〔17〕ㅇを唇音字（ㅂ、ㅃ、ㅍ、ㅁ）の下に連ねて書いて唇軽音字（ㅸ、ㅹ、ㆄ、ㅱ）とするのは、唇軽音が軽い音で唇がさっと合わさり、喉の音声が多いからである。

ㅇ連書脣音之下、則爲脣輕音[1]者、　ㅇを唇音の下に連書すれば、則《すなわ》ち唇軽音と為すは、
以輕音脣乍合而喉聲多也。　軽音、唇、乍《たちま》ち合いて喉声の多きを以《もっ》てなり。

（1）脣輕音…中国音韻学では多くの場合「軽唇音」と呼ぶ。唇音には軽重二種があり、中国語音における重唇音とは［p, pʰ, b, m］などの両唇破裂音・両唇鼻音を指し、軽唇音とは両唇音でない唇音、すなわち［f, v, ɱ］のような唇歯摩擦音・唇歯鼻音などを指す。朝鮮語における唇重音は中国語音と同様に両唇破裂音・両唇鼻音を指し、唇軽音は両唇摩擦音［β］を指した。唇音字母は「ㅂ、ㅃ、ㅍ、ㅁ」の四種類なので、下にㅇを連書した字母も従って「ㅸ、ㅹ、ㆄ、ㅱ」の四種類がありうる。しかしながら、朝鮮語音として存在する

のは、「ᄫ」によって表記される[β]のみである。残りの「ᄬ、ᅗ、ᄝ」は朝鮮語の表記には用いられず、原則的にもっぱら中国語音などの外国語音を表記する際に用いられた。

〔18〕中声は全部で十一字母である。・は舌が縮まって音声が深い。天は（一番目である）子《ね》において開けた（それと同じく、・が一番目にできた）。形が丸いのは、天をかたどっているからである。ㅡは舌がやや縮まって音声は深くも浅くもない。地は（二番目である）丑《うし》において開けた（それと同じく、ㅡが二番目にできた）。形が平らなのは、地をかたどっているからである。ㅣは舌が縮まらず音声が浅い。人は（三番目である）寅《とら》において生まれた（それと同じく、ㅣが三番目にできた）。形が立っているのは、人をかたどっているからである。

中聲凡十一字。・舌縮而聲深、天開於子也。(1) 形之圓、象乎天也。ㅡ舌小縮而聲不深不淺、地闢於丑也。(1) 形之平、象乎地也。ㅣ舌不縮而聲

中声は凡《およ》そ十一字なり。・は舌縮みて声深し。天、子《ね》に開くなり。形の円《まる》きは、天を象《かたど》るなり。ㅡは舌小《すこ》しく縮みて声深からず浅からず。地、丑《うし》に闢《ひら》くなり。形の平らなるは、地を象るなり。ㅣは舌

淺、人生於寅也(1)。形之立、象乎人也。　　縮まずして声浅し。人、寅《とら》に生《うま》るるなり。形の立つは、人を象るなり。

(1) 天開於子也、地闢於丑也、人生於寅也…『論語集注《しっちゅう》』衛霊公《えいれいこう》第十五の「子曰、行夏之時」の注に「天は子に開け、地は丑に闢《ひら》け、人は寅に生《うま》る。(天開於子、地闢於丑、人生於寅。)」とある。子・丑・寅は時間順を表し、まず初めに天が開け、次に地が開け、最後に人が生まれたということを表している。

《補説》中声字母は、単母音を表す字母七種と、半母音[j]を伴った単母音を表す字母四種の計十一種があるが、それらの字母はすべて「・ㅡㅣ」の三種の字形が元となって作られている。

〔19〕これより先の八つの音声は、一方が閉じたもので一方が開いたものである。ㅗは・と同類だが口がすぼまっている。その形は・がㅡと合わさってできており、天地が初めて交わったことを意味している。ㅏは・と同類だが口が開いている。その形はㅣが・と合わさってできており、天地の働きは事物に現れるが、人の助けを待って成就するのを表したものであ

る。ㅜはㅡと同類だが口がすぼまっている。その形はㅡがㆍと合わさってできており、これまたやはり天地が初めて交わったことを意味している。ㅓはㅡと同類だが口が開いている。その形はㆍがㅣと合わさってできており、同じく天地の働きが事物に現れるが、人を待って成就するのを表したものである。ㅛはㅗと同類だが、ㅣ（[i]）で始まる。ㅑはㅏと同類だが、ㅣで始まる。ㅠはㅜと同類だが、ㅣで始まる。ㅕはㅓと同類だが、ㅣで始まる。

此下八聲、一闔一闢。ㅗ與ㆍ同而口蹙、其形則ㆍ與ㅡ合而成、取天地初交之義也。ㅏ與ㆍ同而口張、其形則ㅣ與ㆍ合而成、取天地之用發於事物待人而成也。ㅜ與ㅡ同而口蹙、其形則ㅡ與ㆍ合而成、亦取天地初交之義也。ㅓ與ㅡ同而口張、其形則ㆍ與ㅣ合而成、亦取天地之用發於事物待人而成也。ㅛ與ㅗ同而起於ㅣ。ㅑ與ㅏ同而起於ㅣ。ㅠ

此の下八声は、一闔《こう》一闢《へき》す。ㅗはㆍと同じかれども口蹙《すぼ》み、其《そ》の形は則《すなわ》ちㆍ、ㅡと合いて成り、天地初交の義を取るなり。ㅏはㆍと同じかれども口張り、其の形は則ちㅣ、ㆍと合いて成り、天地の用、事物に発し、人を待ちて成るを取るなり。ㅜはㅡと同じかれども口蹙み、其の形は則ちㅡ、ㆍと合いて成り、亦《ま》た天地初交の義を取るなり。ㅓはㅡと同じかれども口張り、其の形は則ちㆍ、ㅣと合いて成り、亦た天地の用、事物に発し、人を待って成るを取るなり。ㅛはㅗと同じかれどもㅣ

與ㅜ同而起於ㅣ。ㅕ與ㅓ同而起於ㅣ。

より起《お》く。ㅑはㅏと同じかれどもㅣより起く。ㅠはㅜと同じかれどもㅣより起く。ㅕはㅓと同じかれどもㅣより起く。

《補説》十五世紀の朝鮮語には、かなりはっきりした母音調和があった。母音調和とは、ウラル語族（フィンランド語、ハンガリー語など）やアルタイ諸語（モンゴル語、トルコ語など）によく見られる現象で、母音がいくつかのグループに分類され、同一単語内では原則として同一グループの母音のみが用いられる現象である。十五世紀の朝鮮語では、「・[ʌ]、ㅗ[ɔ]、ㅏ[a]」が一つのグループ（陽母音）、「ㅡ[ɨ]、ㅜ[u]、ㅓ[ə]」がいま一つのグループ（陰母音）を成した。例えば사름（人）は「ㅏ、・」と陽母音のみが現れ、얼굴（姿。現代語での意味は「顔」）は「ㅓ、ㅜ」と陰母音のみが現れる。「ㅗ與・同（ㅗは・と同類である）」、「ㅏ與・同（ㅏは・と同類である）」などといった『訓民正音』の記述から、当時の学者が「・、ㅗ、ㅏ」と「ㅡ、ㅜ、ㅓ」をそれぞれ同じ性質の母音群、すなわち母音調和における同一グループの母音であると明確に認識していたということが分かる。

また、「ㅛ[jo]、ㅑ[ja]、ㅠ[ju]、ㅕ[jə]」の四種について、「起於ㅣ（ㅣで始まる）」と、その音的な特徴を正確に把握している。

〔20〕 ㅗ、ㅏ、ㅜ、ㅓは天や地を基本としているので、初めに出てきたものである。ㅛ、ㅑ、ㅠ、ㅕはㅣ（[i]）で始まっていて人を兼ね備えているので、二番目に出てきたものである。ㅗ、ㅏ、ㅜ、ㅓの丸（•）が一つなのは、それが初めに生じたということを意味している。ㅛ、ㅑ、ㅠ、ㅕの丸が二つなのは、それが二番目に生じたということを意味している。

ㅗㅏㅜㅓ始於天地、爲初出也。ㅛㅑㅠㅕ起於ㅣ而兼乎人、爲再出也。ㅗㅏㅜㅓ之一其圓者、取其初生之義也。ㅛㅑㅠㅕ之二其圓者、取其再生之義也。

ㅗㅏㅜㅓは天地に始まり、初出を為《な》すなり。ㅛㅑㅠㅕはㅣより起きて人を兼ね、再出を為すなり。ㅗㅏㅜㅓの其《そ》の円を一とするは、其の初生の義を取るなり。ㅛㅑㅠㅕの其の円を二とするは、其の再生の義を取るなり。

《補説》母音字十一字を表にまとめると、左のとおりである。ハングルのアルファベットへの翻字（文字の置き換え）は河野六郎（一九九四）に従う。

口張		基本字	口蹙	
再出	初出		初出	再出
ㅑ ya	ㅏ a	・ ʌ（天）	ㅗ o	ㅛ yo
ㅕ yə	ㅓ ə	ㅡ ɯ（地）	ㅜ u	ㅠ yu
		ㅣ i（人）		

〔21〕ㅗ、ㅏ、ㅛ、ㅑの丸（・）が上側や外側にあるのは、それが天から出て陽であることを表す。ㅜ、ㅓ、ㅠ、ㅕの丸が下側や内側にあるのは、それが地から出て陰であることを表す。・が八つの母音（ㅗ、ㅏ、ㅛ、ㅑ、ㅜ、ㅓ、ㅠ、ㅕ）すべてに含まれているのは、ちょうど陽が陰をも統括して万物にあまねく流れているのと同じことである。ㅛ、ㅑ、ㅠ、ㅕがどれも人（ㅣ、すなわち［i］音）を兼ね備えているのは、人が万物の霊長であり、天地の化育に参与することができるからである。母音字は形を天地人からとっており、三才の道理が備わっている。そして、三才が万物に先んじており、天がさらにその三才の基本であるが、この

ことは・、ㅡ、ㅣの三字が八つの母音字の筆頭であり、・がさらにその三字の頂点にあるのと、ちょうど同じことである。

ㅗㅏㅛㅑ之圓居上與外者、以其出於天而爲陽也。ㅜㅓㅠㅕ之圓居下與內者、以其出於地而爲陰也。・之貫於八聲者、猶陽之統陰(1)而周流萬物也。ㅛㅑㅠㅕ之皆兼乎人者、以人爲萬物之靈而能參兩儀也。取象於天地人而三才之道備矣。然三才爲萬物之先、而天又爲三才之始、猶・ㅡㅣ三字爲八聲之首、而・又爲三字之冠也。

ㅗㅏㅛㅑの円、上と外とに居する者は、其《そ》れ天より出《い》でて陽と為《な》るを以《もっ》てなり。ㅜㅓㅠㅕの円、下と内とに居する者は、其れ地より出でて陰と為るを以てなり。・の八声に貫く者は、猶《な》お陽の陰を統《す》べて万物に周流するがごときなり。ㅛㅑㅠㅕの皆人を兼ぬる者は、人、万物の霊たりて能《よ》く両儀を参ずるを以てなり。象《かたち》を天地人に取りて三才の道、備われり。然《しか》るに三才、万物の先にして、天、又《ま》た三才の始たるは、猶お・ㅡㅣ三字、八声の首《しゅ》にして、・又た三字の冠たるがごときなり。

(1) 陽之統陰…朱子学では陰陽の現象の本質は陽であると捉え、陰陽の陽とは「本質的な陽」が生長したもの、陰陽の陰は「本質的な陽」が衰退したものと考えた。陰をも統括する陽とは、そのような陰陽現象の本質としての陽を指す。

〔22〕ㅗは初めに天において生まれ、天一、水を生む位置である。ㅏはこの次に生まれ、天三、木を生む位置である。ㅜは初めに地において生まれ、地二、火を生む位置である。ㅓはこの次に生まれ、地四、金を生む位置である。ㅛは二度目に天において生まれ、天七、火を作る段階である。ㅑはこの次に生まれ、天九、金を作る段階である。ㅠは二度目に地において生まれ、地六、水を作る段階である。ㅕはこの次に生まれ、地八、木を作る段階である。水（ㅗ、ㅠ）と火（ㅜ、ㅛ）はいまだ気を離れておらず、陰陽が交合する始まりなので（口が）閉じている。木（ㅏ、ㅕ）と金（ㅓ、ㅑ）は陰陽が性質を定めたものなので（口が）開いている。・は天五、土を生む段階である。ㅡは地十、土を作る段階である。ㅣだけが位置や段階を持たないのは、一体に人というものは、太極の真髄や陰陽・五行の精髄がうまく合わさって凝固したもので、もともと位置を定め、段階を成すということで論じることができないのである。このようなことは、中声の中にもまたおのずから陰陽、五行、方位の道理があるということである。

∸初生於天、天一生水之位也。(1)⊦初生於天、天三生木之位也。⨪初生於地、地二生火之位也。⊣次之、地四生金之位也。−̈再生於天、天七成火之數也。(1)|:次之、天九成金之數也。−̤再生於地、地六成水之數也。:|次之、地八成木之數也。水火未離乎氣、陰陽交合之初、故闔。木金陰陽之定質、故闢。・天五生土之位也。┃地十成土之數也。━獨無位數者、蓋以人則無極之眞、二五之精、妙合而凝、(2)固未可以定位成數論也。是則中聲之中、亦自有陰陽五行方位之數也。

∸は初めて天に生じ、天一生水の位なり。⊦は之《これ》に次ぎ、天三生木の位なり。⨪は初めて地に生じ、地二生火の位なり。⊣は之に次ぎ、地四生金の位なり。−̈は再び天に生じ、天七成火の数なり。|:は之に次ぎ、天九成金の数なり。−̤は再び地に生じ、地六成水の数なり。:|は之に次ぎ、地八成木の数なり。水火は未だ気を離れず、陰陽交合の初なり、故に闔《と》ず。木金は陰陽の定質なり、故に闢《ひら》く。・は天五生土の位なり。━は地十成土の数なり。━の独り位数無きは、蓋《けだ》し人則《すなわ》ち無極の真、二五の精、妙合して凝《こ》るを以《もっ》て、固《もと》より未だ定位、成数を以て論ずべからざるなり。是《こ》れ則ち中声の中《うち》にも、亦《ま》た自《おの》ずから陰陽五行方位の数有るなり。

（1）位、數…一から五までを生位（生まれる位置）、六から十までを成数（成就の段階）という。

（2）無極之眞、二五之精、妙合而凝…周敦頤《しゅうとんい》『太極図説』の語。二とは陰陽の二気を指し、五とは木火土金水の五行を指す。

《補説》母音は五行説に基づき数と位（方位）が配当されている。五行と数については、『書経《しょきょう》』洪範に「五行。一に曰《いわ》く水、二に曰く火、三に曰く木、四に曰く金、五に曰く土。（五行。一曰水、二曰火、三曰木、四曰金、五曰土。）」とあり、またその孔穎達疏《くようだつそ》に「易繫辞に曰く、天一、地二、天三、地四、天五、地六、天七、地八、天九、地十。此《これ》は即《すなわ》ち是《こ》れ五行生成の数なり。天一水を生じ、地二火を生じ、天三木を生じ、地四金を生じ、天五土を生ず、此は其《そ》の生数なり。（易繫辞曰、天一、地二、天三、地四、天五、地六、天七、地八、天九、地十。此即是五行生成之數。天一生水、地二生火、天三生木、地四生金、天五生土、此其生數也。）」とある。母音と五行、数を表にまとめると、左のとおりである。

母音	天地	数	五行
ㅗ	天	一	水
ㅜ	地	二	火
ㅏ	天	三	木
ㅓ	地	四	金
ㆍ	天	五	土

母音	天地	数	五行
ㅠ	地	六	水
ㅛ	天	七	火
ㅕ	地	八	木
ㅑ	天	九	金
ㅡ	地	十	土

この数・位はまた河図《かと》のそれとも一致している。河図とは、伝説において、伏羲《ふっき》の世に黄河から竜馬が現れ、その背に描かれていたという図である。

河　図

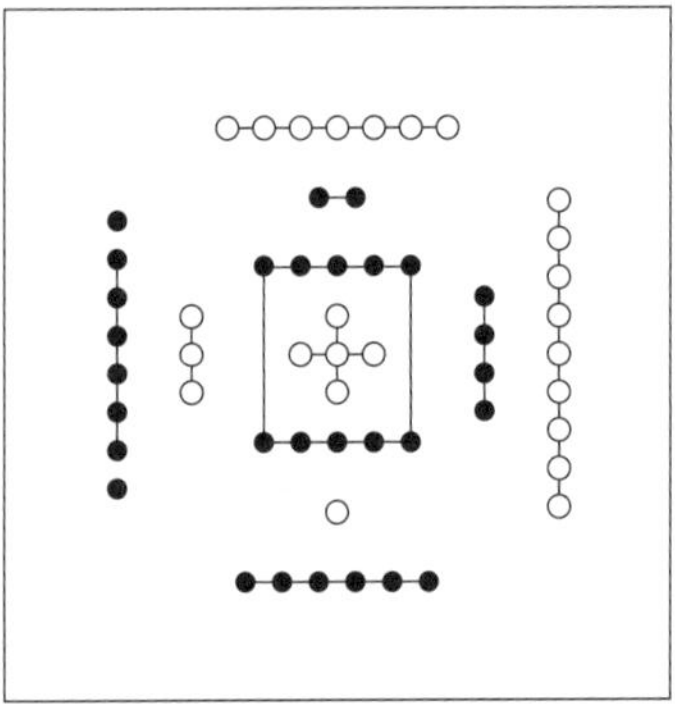

河図の模式図とハングル母音の配当

	南 火 天（陽）七　ㅛ 地（陰）二　ㅜ	
東 木 天（陽）三　ㅏ 地（陰）八　ㅕ	**中央**（無方位） 土 天（陽）五　・ 地（陰）十　ㅡ	**西** 金 天（陽）九　ㅑ 地（陰）四　ㅓ
	北 水 天（陽）一　ㅗ 地（陰）六　ㅠ	

河図は下が北である。従って、上が南、右が西、左が東を指す。白丸は陽、黒丸は陰を表し、数珠つなぎになっている一まとまりが一つの数である。下方（北）にある白丸一つが天一、上方（南）にある黒丸二つが地二、左側（東）にある三連の白丸が天三、右側（西）にある四連

の黒丸が地四である。解例では天一は水を生むとしているが、五行の水は方位で言えば北方であり、河図の天一の方位と合致している。同様にして、地二は火を生むが、火とは南方である。このようにして、解例で示された一から十の数の陰陽と五行（方位）は、河図のそれと完全に一致している。

〔23〕初声と中声の関係から、このことを説明する。陰陽は天の道理であり、剛柔は地の道理である。中声は、深いものや浅いもの、閉じたものや開いたものがあるが、これは陰陽が分かれて五行の気が備わっているということであり、天の働きである。初声は、空虚なものや充実したもの、揚がったものや滞ったもの、重いものや軽いものがあるが、これは剛柔がはっきり出て五行の実体ができあがっていることであり、地の功績である。中声が深浅・開閉をもって前で唱えれば、初声は五音・清濁をもって後ろで和して、初声になったり終声になったりする。ここにもまた、万物が地において始まり、再び地に帰るという道理を見て取ることができる。

以初聲對中聲而言之。陰陽、天道　初声の中声に対するを以《もっ》てして之《これ》を言う。陰陽は

也。剛柔、地道也。中聲者、一深一淺一闔一闢、是則陰陽分而五行之氣具焉、天之用也。初聲者或虛或實或颺或滯或重若輕、是則剛柔著而五行之質成焉、地之功也。中聲以深淺闔闢唱之於前、初聲以五音清濁和之於後、而爲初亦爲終。亦可見萬物初生於地、復歸於地也。

天道なり。剛柔は地道なり。中声は、一に深く一に浅く、一に闔《と》じ、一に闢《ひら》く、是《こ》れ則《すなわ》ち陰陽分れて五行の気具《そな》わり、天の用なり。初声は或《あるい》は虚なり、或は実なり、或は颺《あ》がり、或は滞り、或は重く、若《も》しくは軽し、是れ則ち剛柔著《あら》われて五行の質成り、地の功なり。中声、深浅闔闢を以て之《これ》を前に唱うれば、初声は五音清濁を以て之を後に和して、而《しか》も初と為《な》り亦《ま》た終と為る。亦た万物の初めて地に生まれ、復た地に帰するを見るべきなり。

〔24〕初声・中声・終声が合わさってできた文字のことから、このことを説明する。ここにもまた動と静が互いに根となり、陰と陽がこもごも変じるという意味がある。動は天であり、静は地であり、動と静とを兼ねるのが人である。そもそも五行が天にあれば霊妙な気の動きとなり、地にあれば物質の形成となる。人にあれば仁・礼・信・義・智は霊妙な気の動きであり、肝・心・脾・肺・腎は物質の形成である。初声には生じて動く意味があるので、天の

事がらである。終声には止まり定まる意味があるので、地の事がらである。中声は初声が生じたのを受け継ぎ、終声の完成へとつなぐので、人の事がらである。そもそも一字の音韻の要は中声にあり、初声と終声がこれに合わさって音節をなすものである。これもまた、天地が万物を生成しつつも、過ぎたるを制し、及ばざるを補うためには人の力が必要であるのと、ちょうど同じことである。

以初中終合成之字言之、亦有動靜互根陰陽交變之義焉。動者、天也。靜者、地也。兼乎動靜者、人也。蓋五行在天則神之運也、在地則質之成也、在人則仁禮信義智神之運也、肝心脾肺腎質之成也。初聲有發動之義、天之事也。終聲有止定之義、地之事也。中聲承初[1]之生、接終之成、人之事也。蓋字韻之要、在於中聲、初終合而成音。亦猶天

初中終合いて成すの字を以《もっ》てして之《これ》を言う。亦《ま》た動静互いに根づきて陰陽交々《こもごも》変ずるの義有り。動は天なり。静は地なり。動静を兼ぬるは人なり。蓋《けだ》し五行、天に在らば則《すなわ》ち神の運なり、地に在らば則ち質の成なり、人に在らば則ち仁礼信義智は神《しん》の運なり、肝心脾肺腎は質の成なり。初声は発動の義有り。天の事なり。終声は止定の義有り。地の事なり。中声、初《しょ》の生ずるを承け、終《しゅう》の成るに接す。人の事なり。蓋《けだ》し字韻の要は中声に在り、初終合いて音を成す。亦《ま》た猶《な》お天地万物を生成す

地生成萬物、而其財成輔相(2)則必賴乎人也。

れども其《そ》の財成・輔相は則ち必ず人を頼るがごときなり。

(1) 字韻…中国音韻学では、漢字音において声母(音節頭子音)を除いた残りの部分(すなわち、母音類、音節末子音、声調を包括したもの)を指して「韻」と称する。しかしながら、『訓民正音』で用いられる「字韻」の語は、漢字一文字(あるいはハングル一文字)が表す音で、音節頭子音や母音などの構成素によって組み立てられた音の連続体を「字韻」と呼んでいるようである。

(2) 財成輔相…財成は切り盛りして過ぎたるを制すること、輔相は及ばざるを補うこと。『易経』泰卦《たいか》に「象《しょう》に曰《いわ》く、天地交わるは泰なり。后《きみ》、以《もっ》て天地の道を財成し、天地の宜を輔相し、以て民を左右す。(象曰、天地交泰。后以財成天地之道、輔相天地之宜、以左右民。=天地が交わる形が泰である。君主はこれをもって天地の道を作りあげ、天地の義をたすけて、民を助け養う。)」とある。

〔25〕終声字を別途に作らず初声字を再利用するわけは、動いて陽であるのも乾《けん》、静かで陰であるのもまた乾であるが、乾が実のところ陰と陽に分かれても、君主・宰相としてふるま

わないことがないからである。一元の気はあまねく流れて終わりがなく、四季の移り変わりは循環して終わりがない。だから貞《てい》の後にはまた元《げん》が巡り、冬の後にはまた春が巡ってくるのである。初声が終声となり、終声がまた初声となるのも、またこの意味である。

終聲之復用初聲者、以其動而陽者乾也、靜而陰者亦乾也、乾實分陰陽而無不君宰也。一元之氣、周流不窮、四時之運、循環無端、故貞而復元、(1)冬而復春。初聲之復爲終、終聲之復爲初、亦此義也。

終声の復《ま》た初声を用いる者は、其《そ》れ動きて陽なる者は乾《けん》なり、静にして陰なる者も亦《ま》た乾なり。乾、実に陰陽に分《わか》るれども君宰《くんさい》たらざる無きを以《もっ》てなり。一元の気は周流して窮《きわま》らず、四時《しいじ》の運は循環して端無し、故に貞《てい》にして復《ま》た元《げん》、冬にして復た春なり。初声復た終《しゅう》と為《な》り、終声復た初《しょ》と為るも、亦《ま》た此《こ》の義なり。

（1）貞而復元…『易経』乾卦《けんか》である「元亨利《げんこうり》貞《てい》」の「貞」と「元」のこと。元・亨・利・貞は、それぞれ仁・礼・義・智（四徳）、春・夏・秋・冬（四季）に配当される。ここでは一元の気や四季は循環して止《や》まないたとえとして、終わりである貞や冬の後に、始まりである元や春が再び巡って来ることを言っている。

〔26〕ああ。正音が作られて、ここには天地万物のことわりがことごとく備わっている。何とも神妙なことよ。これはきっと天が聖人を呼び覚ましてこれに手を貸してくれたのだろう。

吁。正音作而天地萬物之理咸備、其神矣哉。是殆天啓聖心而假手焉者乎。

ああ。正音作りて天地万物の理、咸《みな》備わる、其《そ》れ神《しん》なるかな。是《こ》れ殆《ほとん》ど天、聖心を啓《ひら》きて手を焉《これ》に仮《か》す者か。

〔27〕まとめ歌

天地万物が元々一つの気から成り立っており、
陰陽五行は互いに巡り果てがない。
万物は天地の間にあって形と声があり、
おおもとは二つでないので道理が通っている。

訣(1)曰
天地之化本一氣
陰陽五行相始終
物於兩間有形聲
元本無二理數通

訣に曰《いわ》く
天地の化《か》は本《もと》より一気、
陰陽五行、相《あ》い始終す。
物は両間に於《お》いて形声有り、
元本は二無く理数通ず。

(1) 訣…方術の要法。要訣。『訓民正音』では各章の末尾に「訣」と称して、本文の内容を七言詩の形式に要約している。

〔28〕正音の字を作るのにはその形を重んじ、音声の激しさによってそのつど画を加えた。音は牙・舌・唇・歯・喉から出て、これが初声の十七字母を形づくる。牙音は舌根が喉を閉ざす形をかたどるが、ㆁだけはㅇに似ているので意味が異なる。舌音は舌が上歯茎に付く形をかたどり、唇音は口の形をかたどっている。歯音・喉音は歯・喉の形をかたどり、この五つの意味を知れば音はおのずと明らかになる。さらに半舌音・半歯音があるが、形をかたどるのは同じであっても字の形体が異なる。

ㄴ・ㅁ・ㅅ・ㅇは音声が激しくなく、順番が後だが形をとる始めとなった。

正音制字尚其象
因聲之厲毎加畫
音出牙舌脣齒喉
是爲初聲字十七
牙取舌根閉喉形
唯業似欲取義別
舌迺象舌附上腭
脣則實是取口形
齒喉直取齒喉象
知斯五義聲自明
又有半舌半齒音
取象同而體則異
那彌戍欲聲不厲
次序雖後象形始

正音の制字は其《そ》の象《かたち》を尚《たっと》び、
声の厲《はげ》しきに因《よ》りて毎《つね》に加画す。
音は牙・舌・唇・歯・喉より出《い》で、
是《こ》れ初声十七字を為《な》す。
牙は舌根、喉《のど》を閉《と》ずるの形を取るも、
唯だ業は欲に似て義を取ること別なり。
舌は迺《すなわ》ち舌、上腭《じょうがく》に附《つ》くを象《かたど》り、
唇は則《すなわ》ち実に是《こ》れ口形を取る。
歯・喉は直《た》だ歯・喉の象を取り、
斯《こ》の五義を知れば声、自ずから明らかなり。
又《ま》た半舌・半歯音有り、
象《かたち》を取ること同じくして体は則ち異なる。
那・弥・戌・欲は声、厲《はげ》しからず、
次序後と雖《いえど》も象形の始めなり。

〔29〕それぞれを四季と沖気に割り当てれば、
五行と五音に食い違いがない。
喉音は水であり冬と羽であり、
牙音は春・木でその音は角である。
徴《ち》の音は夏・火で舌音であり、
歯音は商・秋で金である。
唇音は位・数においてもともと定まったものがなく、
土であり季夏であり宮の音である。

配諸四時與沖氣〔1〕　諸《これ》を四時《しいじ》と沖気とに配し、
五行五音無不協　五行・五音に協《かな》わざる無し。
維喉爲水冬與羽　維《こ》れ喉は水にして冬と羽とたり、
牙迺春木其音角　牙は迺《すなわ》ち春・木にして其《そ》の音、角なり。
徵音夏火是舌聲　徴《ち》音は夏・火にして是《こ》れ舌声《ぜっせい》、

齒則商秋又是金
脣於位數本無定
土而季夏爲宮音

歯は則《すなわ》ち商・秋にして又《ま》た是れ金なり。
脣は位数に於《お》いて本《もと》より定まる無く、
土にして季夏、宮音たり。

（1）沖氣…陰陽を調和させた気。

〔30〕音声には、さらにおのずから清濁があるので、
初声の発声には細かく推し尋ねなければならない。
全清の音声はㄱㄷㅂであり、
ㅈㅅㆆもまた全清の音声である。
もしㅋㅌㅍㅊㅎであれば、
五音のそれぞれ一つが次清となる。
全濁の音声はㄲㄸㅃであり、
さらにㅉㅆがあり、またさらにㆅがある。
全清の並書は全濁となるが、

ㆅだけが次清のㅎに由来するのはそれらと同じでない。
ㆁㄴㅁㅇとㄹㅿは、
その音声が清でもなく濁でもない。
ㅇの連書は唇軽音となるが、
喉の音声が多くて唇がさっと触れ合う。

聲音又自有清濁
要於初發細推尋
全清聲是君斗彆
即戌挹亦全清聲
若洒快呑漂侵虚
五音各一爲次清
全濁之聲虯覃步
又有慈邪又有洪
全清竝書爲全濁
唯洪自虚是不同

声音は又《ま》た自《おの》ずから清濁有り、
初発に於《おい》て細かく推尋するを要す。
全清の声は是《こ》れ君・斗・彆、
即・戌・挹も亦《ま》た全清の声。
若《も》し洒《すなわ》ち快・呑・漂・侵・虚なれば、
五音は各一、次清と為《な》る。
全濁の声は虯・覃・歩、
又た慈・邪有り、又た洪有り。
全清の並書は全濁と為るも、
唯だ洪、虚に自《よ》るは是《こ》れ同じからず。

業那彌欲及閭穰
其聲不清又不濁
欲之連書爲脣輕
喉聲多而脣乍合

業・那・弥・欲及び閭・穰、
其《そ》の声、不清又た不濁なり。
欲の連書は唇軽と為り、
喉声《こうせい》多くして唇、乍《たちま》ち合う。

〔31〕中声の十一字もまた形をかたどり、
その深い意義は容易に察することができない。
ㆍは天を模しており音声が最も深く、
円い形が弾丸のようである。
ㅡは音声が深くも浅くもなく、
その形が平らなのは地をかたどっている。
ㅣは人が立っている形をかたどっていてその音声は浅く、
三才の道がこれにて備わった。
ㅗは天から出て閉じており、
形は丸い天が平らな地と合わさるのをかたどっている。

ㅏも天から出て開いており、
事物から出現して人ができあがる。
初生を意味するので・を一つとしており、
天から出て陽となり、初声字の上や外にある。
ㅛㅑは人を兼ねていて再出であり、
二つの丸が形を作ってその意味を表している。
ㅜㅓㅠㅕが地から出るのは、
例からおのずと分かるので、なぜ説明する必要があろうか。
・字がㅗㅏㅜㅓㅛㅑㅠㅕにすべて入っているのは、
天の働きがあまねく行き渡るからである。
ㅛㅑㅠㅕがㅣを兼ね備えているのは、
人が天地に参与して最も優れているからである。

中聲十一亦取象
精義未可容易觀
呑擬於天聲最深

中声の十一も亦《ま》た象《かたち》を取り、
精義は未だ容易に観るべからず。
呑は天に擬して声最も深く、

所以圓形如彈丸
卽聲不深亦不淺
其形之平象乎地
侵象人立厥聲淺
三才之道斯爲備
洪出於天尙爲闔
象取天圓合地平
覃亦出天爲已闢
發於事物就人成
用初生義一其圓
出天爲陽在上外
欲穰兼人爲再出
二圓爲形見其義
君業戌彆出於地
據例自知何須評
呑之爲字貫八聲

円形なる所以《ゆえん》は弾丸の如し。
即は声深からず亦《ま》た浅からず、
其《そ》の形の平らなるは地を象《かたど》る。
侵は人の立つを象りて厥《そ》の声浅く、
三才の道、斯《ここ》に備と為《な》る。
洪は天より出でて尚《な》お闔《こう》と為り、
象《かたち》は天円、地平に合うを取る。
覃も亦《ま》た天より出でて已《すで》に闢《へき》と為り、
事物より発して就《すなわ》ち人成る。
初生の義を用いて其の円を一にし、
天より出でて陽と為り上・外に在り。
欲・穰は人を兼ねて再出たり、
二円、形を為して其の義を見《あら》わす。
君・業・戌・彆の地より出ずるは、
例に拠《よ》りて自ら知り、何ぞ評するを須《もち》いん。
呑の字八声を貫くを為すは、

維天之用徧流行　維《こ》れ天の用にして徧《あまね》く流行するなり。
四聲兼人亦有由　四声、人を兼ぬるも亦た由《ゆえ》有り、
人參天地爲最靈　人、天地に参じて最も霊たり。

〔32〕かつ初声・中声・終声について、至極の理を究めれば、そこにはおのずと剛柔・陰陽がある。中声は天の働きなので陰・陽に分かれ、初声は地の功績なので剛・柔が現れる。中声を唱えると初声が和するのは、天が地に先んずるもので、元々そのような理屈なのである。和するものが初声にもなり終声にもなるのは、物が生じて再び帰る所が地だということである。陰が変じて陽となり、陽が変じて陰となり、一たび動き一たび静まって互いに根となる。初声にはまた発生するという意味があるので、

陽の動きとなって天を司る。
終声は地にたとえられ陰の静けさであるので、
一字の音はここで終わって定まる。
一字の音韻が成り立つ要《かなめ》は中声の働きにあるが、
これは人が天地のことを助けることができるからである。
陽の作用は陰に通じ、
陰に行き着いて発散すれば、また陽に帰る。
初声・終声が陽・陰に分かれるとはいえ、
初声字を終声字に用いる理由は知ることができる。

且就三聲究至理
自有剛柔與陰陽
中是天用陰陽分
初迺地功剛柔彰
中聲唱之初聲和
天先乎地理自然

且《か》つ就《すなわ》ち三声、至理を究《きわ》むれば、
自ら剛柔と陰陽と有り。
中《ちゅう》は是《こ》れ天の用にして陰陽分かれ、
初《しょ》は迺《すなわ》ち地の功にして剛柔彰《あら》わる。
中声、之《これ》を唱えて初声和するは、
天、地に先んじ理自《おの》ずから然《しか》り。

和者爲初亦爲終
物生復歸皆於坤
陰變爲陽陽變陰
一動一靜互爲根
初聲復有發生義
爲陽之動主於天
終聲比地陰之靜
字音於此止定焉
韻成要在中聲用
人能輔相天地宜
陽之爲用通於陰
至而伸則反而歸
初終雖云分兩儀
終用初聲義可知

和する者、初《しょ》と為《な》り亦《ま》た終《しゅう》と為るは、
物生じて復《ま》た帰するに皆坤《こん》に於《おい》てす。
陰は変じて陽と為り、陽は変じて陰、
一動一静して互いに根と為る。
初声は復た発生の義有り、
陽の動と為りて天を主《つかさ》どる。
終声は地に比して陰の静なり、
字音は此《ここ》に於て止み定まる。
韻成るの要は中声の用に在り、
人、能《よ》く天地の宜《ぎ》を輔相《ほしょう》す。
陽の用たるは陰に通じ、
至りて伸《の》ぶれば則《すなわ》ち反《かえ》りて帰す。
初《しょ》・終《しゅう》は両儀に分《わか》るると云《い》うと雖《いえど》も、
終《しゅう》に初声を用いて義知るべし。

〔33〕正音の字は二十八字だけだが、
奥深い道理を探り、入り交え集めて奥深いしくみを極めた。
意義は深遠だが言葉は卑近なので、民を善導するのに容易である。
天の授かりものはどうして智恵や技巧でできようか。

正音之字只廿八　　正音の字は只《た》だ廿八《にじゅうはち》、
探賾(1)錯綜窮深幾(2)　　探賾《たんさく》し錯綜《さくそう》して深幾を窮む。
指遠言近牖(3)民易　　指《むね》は遠く言は近く、民を牖《みちび》くこと易《やす》し、
天授何曾智巧爲　　天授は何ぞ曾《かつ》て智巧して為《な》さん。

(1) 探賾…奥深く隠れたものを探り求めること。「賾」は奥深く見極めがたい道理。
(2) 深幾…物事に内在する核心要素。奥深いしくみ。「幾」は「機」に同じ。
(3) 指遠言近…『孟子』尽心章句下に「言近くして指遠《むね》き者は、善言なり。(言近而指遠者、善言也。＝言葉は卑近であっても意義が深遠であるのは、善い言葉である。)」とある。「指」は「旨」に同じ。

初聲解（1）

〔34〕訓民正音の初声とは、中国の韻書でいうところの字母のことである。音声はここから生まれ出るので「母」という。牙音の「君」字の初声はㄱ、このㄱがᅟᅮᆫと組み合わさると「君」の字音「군」となる。「快」字の初声はㅋ、このㅋがᅫと組み合わさると「快」の字音「쾌」となる。「虯」字の初声はㄲ、このㄲがᅲと組み合わさると「虯」の字音「뀨」となる。「業」字の初声はㆁ、ㆁがᅥᆸと組み合わさると「業」の字音「ᅌᅥᆸ」となる等である。舌音の斗（ㄷ）、呑（ㅌ）、覃（ㄸ）、那（ㄴ）の各音、唇音の彆（ㅂ）、漂（ㅍ）、歩（ㅃ）、弥（ㅁ）の各音、歯音の即（ㅈ）、侵（ㅊ）、慈（ㅉ）、戌（ㅅ）、邪（ㅆ）の各音、喉音の挹（ㆆ）、虚（ㅎ）、洪（ㆅ）、欲（ㅇ）の各音、半舌音・半歯音の閭（ㄹ）、穰（ㅿ）の各音も、すべてこれに倣う。

正音初聲、即韻書之字母（2）也。聲音由此而生、故曰母。如牙音君字初

正音の初声は、即ち韻書の字母なり。声音は此《これ》に由《よ》りて生ず、故に母と曰《い》う。牙音《がおん》君字の初声は是《こ》

聲是ㄱ、ㄱ與ᅮᆫ而爲군。快字初聲是ㅋ、ㅋ與ᅫ而爲쾌。虯字初聲是ㄲ、ㄲ與ᅲ而爲뀨(3)。業字初聲是ㆁ、ㆁ與ᅥᆸ而爲ᅌᅥᆸ之類。舌之斗呑覃那、脣之彆漂步彌、齒之卽侵慈戌邪、喉之挹虛洪欲、半舌半齒之閭穰、皆倣此。

れㄱ、ㄱはᅮᆫに与《くみ》して군と為《な》る。快字の初声は是れㅋ、ㅋはᅫに与して쾌と為る。虯字の初声は是れㄲ、ㄲはᅲに与して뀨と為る。業字の初声は是れㆁ、ㆁはᅥᆸと与してᅌᅥᆸと為るの類《たぐい》の如《ごと》し。舌《ぜつ》の斗呑覃那、唇《しん》の彆漂歩弥、歯《し》の即侵慈戌邪、喉《こう》の挹虚洪欲、半舌、半歯の閭、穣、皆此に倣う。

（1）「初聲解《しょせいかい》」は「初声についての解説」の意である。この章では初声について、ごく簡潔に記述している。

（2）字母…中国音韻学において、漢字音の声母（頭子音）を表示する漢字を字母と呼ぶ。中国中古音（隋・唐時代の漢字音）に基づく韻書では、三十六種の声母が区分された。『訓民正音』では二十三種の初声（字母）が区分されており、この数は『東国正韻』における字母数と一致している。

（3）뀨…この字音は現実の朝鮮漢字音ではなく、人為的に作られた人工音である。人工漢字音は『東国正韻』（一四四八年頒布）で集大成されたが、『東国正韻』では「虯」の字音を

「구ᇹ」としている。『訓民正音』と『東国正韻』の人工漢字音の違いについては、一八四ページ注（2）を参照。

〔35〕まとめ歌

ㄱ、ㅋ、ㄲ、ㆁは牙音であり、
舌音はㄷ、ㅌ、ㄸ、ㄴである。
ㅂ、ㅍ、ㅃ、ㅁは唇音であり、
歯音にはㅈ、ㅊ、ㅉ、ㅅ、ㅆがある。
ㆆ、ㅎ、ㆅ、ㅇは喉音であり、
ㄹは半舌音、ㅿは半歯音である。
二十三字は母となって、
あらゆる音声は、みなこれから生まれる。

訣曰

訣に曰《いわ》く、

君快虯業其聲牙

君、快、虯《きゅう》、業は其《そ》の声、牙《が》、

舌聲斗呑及覃那
鷩漂歩彌卽是脣
齒有卽侵慈戌邪
挹虚洪欲迺喉聲
閭爲半舌穰半齒
二十三字是爲母
萬聲生生皆自此

舌声《ぜっせい》は斗、呑、及び覃、那なり。
鷩《へつ》、漂、歩、弥は即《すなわ》ち是《こ》れ唇《しん》、
歯《し》に即、侵、慈、戌、邪有り。
挹、虚、洪、欲は迺《すなわ》ち喉声《こうせい》、
閭は半舌たりて穣は半歯。
二十三字は是れ母と為《な》り、
万声の生じ生ずるは皆此《これ》に自《より》す。

中聲解(1)

〔36〕中声は一字の音韻の真ん中にあり、初声と終声を合わせて一音節を成す。「呑」字の中声は・であるが、・がㅌㄴの間にあって툰となる。「即」字の中声はㅡであるが、ㅡがㅈㄱの間にあって즉となる。「侵」字の中声はㅣであるが、ㅣがㅊㅁの間にあって침となるといった類である。洪（ㅗ）、覃（ㅏ）、君（ㅜ）、業（ㅓ）、欲（ㅛ）、穰（ㅑ）、戌（ㅠ）、彆（ㅕ）は、みなこれに倣う。二字を組み合わせて用いるのは、次の通りである。ㅗとㅏは同じく・から出たものなので、組み合わさってㅘとなる。ㅛとㅑはさらに同じくㅣから出たものなので、組み合わさってㆇとなる。ㅜとㅓは同じくㅡから出たものなので、組み合わさってㅝとなる。ㅠとㅕはさらに同じくㅣから出たものなので、組み合わさってㆊとなる。それらが同じ所から出たことをもって同類とするので、組み合わさっても食い違いがないのである。中声字一つがㅣと組み合わさるものは、ㆎ、ㅢ、ㅚ、ㅐ、ㅟ、ㅔ、ㆉ、ㅒ、ㆌ、ㅖの十個である。中声字二つがㅣと組み合わさるものは、ㅙ、ㅞ、ㆈ、ㆋの四つである。ㅣが深浅・開閉のさまざまな中声に付き従うことができるのは、その舌が伸びていて声が浅く、口を開きや

すいからである。ここでもまた、人が万物を開拓することに参与し、滞ることがない様子を見ることができる。

中聲者、居字韻之中、合初終而成音。(2)如呑字中聲是・、・居ㅌㄴ之間而爲툰。即字中聲是ㅡ、ㅡ居ㅈㄱ之間而爲즉。侵字中聲是ㅣ、ㅣ居ㅊㅁ之間而爲침之類。洪覃君業欲穰戌彆、皆倣此。二字合用(3)者、ㅗ與ㅏ同出於・、故合而爲ㅘ。ㅛ與ㅑ又同出於ㅣ、故合而爲ㆇ(4)。ㅜ與ㅓ同出於ㅡ、故合而爲ㅝ。ㅠ與ㅕ又同出於ㅣ、故合而爲ㆊ(4)。以其同出而爲類(5)、故相合而不悖也。一字中聲之與ㅣ相合者十、ㆎㅢㅚㅐㅟㅔㆉㅒㅞㅖ是也。二字中聲之與

中声は字韻の中に居し、初《しょ》、終《しゅう》を合わせて音を成す。呑字の中声は是《こ》れ・、・はㅌㄴの間に居して툰と為《な》る。即字の中声は是れㅡ、ㅡはㅈㄱの間に居して즉と為る。侵字の中声は是れㅣ、ㅣはㅊㅁの間に居して침と為るの類《たぐい》の如《ごと》し。洪、覃、君、業、欲、穰、戌、彆は、皆此《これ》に倣う。二字の合用は、ㅗはㅏと同じく・より出《い》ず、故に合してㅘと為る。ㅛはㅑと又《ま》た同じくㅣより出ず、故に合してㆇと為る。ㅜはㅓと同じくㅡより出ず、故に合してㅝと為る。ㅠはㅕと又た同じくㅣより出ず、故に合してㆊと為る。其《そ》の同じく出ずるを以《もっ》て類を為す、故に相《あ》い合して悖《もと》らざるなり。一字の中声、ㅣと相い合する者は十、ㆎㅢㅚㅐㅟㅔㆉㅒㅞㅖ

ㅣ相合者四、ㅙㅞㆈㆋ(4)是也。ㅣ於深淺闔闢(6)之聲、竝能相隨者、以其舌展聲淺(7)而便於開口也。亦可見人之參贊開物而無所不通也。

ㅖ是《これ》なり。二字の中声、ㅣと相い合する者は四、ㅙㅞㆈㆋ是なり。ㅣ、深浅・闔闢《こうへき》の声に於《おい》て、並びに能《よ》く相い随《したが》うは、其《そ》れ舌展じ、声浅くして、口を開くに便なるを以てなり。亦《ま》た人の開物に参賛して通ぜざる所無きを見るべきなり。

（1）「中聲解《ちゅうせいかい》」は「中声についての解説」の意である。制字解では扱わなかった母音字の合成についても、この章では述べられている。

（2）成音…ここで言う「音」とは漢字音、すなわち一音節を指していると見られる。また、「本文」の「凡字必合而成音」（二四ページ）を参照。

（3）合用…相異なる字母を組み合わせること。ここでは異なる母音字母を組み合わせること。

（4）ㆇ、ㆊ、ㆈ、ㆋ…これらは実際の朝鮮語音には存在しなかったと見られる。東国正韻式漢字音では「ㆊ、ㆋ」の二種が用いられている。いずれにせよ、この四音は理論的に作り出された組合せであり、現実の朝鮮語音を反映していない。例えば、「ㆇ」は[joja]という音を表していたことになるが、主音が二つ含まれているこれらの音を、朝鮮語において一音節として発音するのは不可能である。

（5）以其同出而爲類…合用に際しては、陽母音は陽母音どうし、陰母音は陰母音どうしを組み合わせることを言っている。

（6）深浅闔闢…母音の深浅、闔闢《こうへき》については、制字解における母音の記述を参照。

（7）人之参賛開物…開物とは人知を啓発したり物事を開拓すること。人が物事の開拓に参与しうる存在であるという事がらは、「人が万物の霊長であり、天地の化育に参与することができる（人爲萬物之靈而能参兩儀）」という制字解の記述に通じる。母音ㅣが天地人の人に配当されるため、このような説明をしている。

〔37〕まとめ歌

字母の字の音にはそれぞれ中声がある。
中声について開いているか閉じているかを見なければならない。
ㅗ、ㅏは・から出たので合用することができ、
ㅜ、ㅓはㅡから出たので、同じく合わせることができる。
ㅛはㅑと合わさりㅠはㅕと合わさり、
それぞれ付くものが決まっているが、その意味は推察できる。
ㅣの働きを見ると最も存在が多く、

十四の音にあまねく付き従っている。

訣曰
母字之音各有中
須就中聲尋闢闔
洪覃自呑可合用
君業出卽亦可合
欲之與穰戌與彆
各有所從義可推
侵之爲用最居多
於十四聲徧相隨

訣に曰《いわ》く、
母字の音に各々中《ちゅう》有り、
須《すべから》く中声に就《つ》きて闢闔《へきこう》を尋ぬべし。
洪、覃《たん》は呑《とん》に自《よ》りて合用すべし、
君、業は即より出でて亦《ま》た合すべし。
欲は之《こ》れ穰《じょう》に与《くみ》し、戌《しゅつ》は彆《へつ》に与し、
各々従う所有りて、義、推すべし。
侵の用と為《な》るは最も居すること多く、
十四声に偏《あまね》く相《あ》い随《したが》う。

終聲解（1）

〔38〕終声は、初声・中声を受けて字韻をなす。「即」字の終声はㄱだが、ㄱが즈の終わりにあって즉となる。「洪」字の終声はㆁだが、ㆁがᅘᅩの終わりにあってᅘᅩᇰとなるといった類である。舌音・唇音・歯音・喉音もみな同じである。

終聲者、承初中而成字韻。如卽字終聲是ㄱ、ㄱ居즈終而爲즉。洪字終聲是ㆁ、ㆁ居ᅘᅩ終而爲ᅘᅩᇰ之類。舌脣齒喉皆同。

終声は、初中を承《う》けて字韻を成す。即字の終声は是《こ》れㄱ、ㄱは즈の終わりに居して즉と為《な》る。洪字の終声は是れㆁ、ㆁはᅘᅩの終わりに居してᅘᅩᇰと為るの類《たぐひ》の如《ごと》し。舌《ぜつ》、唇《しん》、歯《し》、喉《こう》、皆同じ。

（1）「終聲解《しゅうせいかい》」は「終声についての解説」の意。終声字の用い方について、具体的な例を挙げながら記述がなされている。

〔39〕音声には緩急の区別があるので、平声《ひょうしょう》・上声《じょうしょう》・去声《きょしょう》はその終声が入声《にっしょう》のように詰まって速い音ではない。不清不濁の字は声が激しくないので、終声に用いるのであれば平声・上声・去声に用いるべきものである。全清・次清・全濁の字は声が激しいので、終声に用いるのであれば入声に用いるべきものである。なので、ㆁㄴㅁㅇㄹㅿの六字は平声・上声・去声の終声で、残りはみな入声の終声なのである。しかしながら、終声字はㄱㆁㄷㄴㅂㅁㅅㄹの八字母で十分に事足りる。例えば、ᄇᆡᆺ곶「梨の花」、여ᇫ의갗「狐《きつね》の皮」は、ㅅの字で通用させることができるので、ㅅの字だけを用いる。

聲有緩急之殊、故平上去其終聲不類入聲之促急。不清不濁之字、其聲不厲、故用於終則宜於平上去。全清次清全濁之字、其聲爲厲、故用於終則宜於入。所以ㆁㄴㅁㅇㄹㅿ六字爲平上去聲之終、而餘皆爲入聲之終也。然ㄱㆁㄷㄴㅂㅁㅅㄹ

声に緩急の殊《こと》有り、故に平上去は、其《そ》の終声、入声の促急に類せず。不清不濁の字は、其の声厲《はげ》しからず、故に終に用いれば則《すなわ》ち平上去に宜《よろ》し。全清・次清・全濁の字は、其の声厲しと為《な》す、故に終《しゅう》に用いれば則ち入に宜し。ㆁㄴㅁㅇㄹㅿの六字は平上去声の終と為りて、余は皆入声の終と為る所以《ゆえん》なり。然《しか》れどもㄱㆁㄷㄴㅂㅁㅅㄹの八字、用

八字可足用也。如ᄇᆡᆺ곶⑴為梨花、여ᇫ⑵의갗為狐皮、而ㅅ字可以通用、故只用ㅅ字。

いるに足るべきなり。ᄇᆡᆺ곶の「梨花」たり、여ᇫ의갗の「狐皮」たりて、ㅅ字は以《もっ》て通用すべし、故に只《た》だㅅ字を用いるが如《ごと》し。

（1）ᄇᆡᆺ곶…「ᄇᆡᆺ」は「ᄇᆡ」（梨）に属格語尾「ㅅ」（…の）が付いた形。現代語「배꽃」。

（2）여ᇫ의갗…「여ᇫ」は「여ᅀᅳ」（狐）の変化形。後ろに属格語尾「의」（…の）が付いているので、この形になっている。「여ᅀᅳ」は現代語「여우」、「갗」は現代語「가죽」。

《補説》中国音韻学において、母音で終わる音節、および［-m］、［-n］、［-ŋ］といった鼻音（すなわち不清不濁）で終わる音節は平声・上声・去声に分類され、［-p］、［-t］、［-k］といった閉鎖音（すなわち全清・次清・全濁）で終わる音節は入声に分類される。これら声調に関しては、〔10〕の注（8）二五ページも併せて参照のこと。「ㄱㆁㄷㄴㅂㅁㅅㄹ八字可足用也」（ㄱㆁㄷㄴㅂㅁㅅㄹの八字母で十分に事足りる）とは、現実の朝鮮語において、終声として区別される音はこの八種類であるということを言っている。

現代の正書法では、終声を発音通りに綴《つづ》らない場合がある。例えば、［mat˺］（味）は発音通りに綴れば「맏」であるが、実際には「맛」のように終声を「ㅅ」（本来［s］音を表す字）で綴る。これは、例えば後ろに助詞［e］（…に）が付いた場合、［mase］（味に）のように語形が

〔mas〕と変化するため、それを見越して終声を「ㅅ」で綴り「맛」としている。朝鮮語はこのように単語内の音の変化が激しいが、音変化に合わせてそのつど単語の綴りが変わっては煩雑である。そこで、現代の正書法では同一の単語は常に同一の綴りになるように工夫されている。そのような表記法を形態主義的な表記法（あるいは形態音素論的な表記法）という。ところが、終声解のこの部分の説明によれば、現代のような形態主義的な表記法ではなく、発音通りに綴る表音主義的な表記法を推奨している。しかしながら、右に現れた「빛곶」（梨の花）や「엿의갗」（狐の皮）は、いわば現代の正書法のように、音変化を見越した形態主義的な綴りである。これらの終声を「ㅅ」だけで綴ると「빗곳」、「엿의갓」となる。

このように、この文字を作成する過程で形態主義的な表記法も模索されたようである。例えば『竜飛御天歌《りゅうひぎょてんか》』、『月印千江之曲《げついんせんこうのきょく》』（いずれも一四四七年）では、一部に終声の形態主義的な表記法が採用されている。だが、これらは実験的な色彩が強く、他の文献ではこの終声解の規定に沿った表音主義的な表記法が採用された。

〔40〕なおかつ、ㅇは音声が淡くて虚《うつ》ろなので、必ずしも終声に用いる必要はなく、中声で終わらせても音節をなすことができる。ㄷは볃「彆」など、ㄴは군「君」など、ㅂは업「業」など、ㅁは땀「覃」など、ㅅは朝鮮語の옷「衣」など、ㄹは朝鮮語の실「糸」などといった

具合である。五音の緩急も同様にそれぞれ対をなす。牙のㆁはㄱと対をなしており、ㆁを詰まって発声すればㄱに変化して急な音になり、ㄱをゆっくり発音ずればㆁに変化して緩やかな音になる。舌音のㄴとㄷ、唇音のㅁとㅂ、歯音のㅿとㅅ、喉音のㅇとㆆについて、その緩急が互いに対になっていることも、また同様である。

且ㅇ聲淡而虛、不必用於終、(1) 而中聲可得成音也。ㄷ如볃爲彆、ㄴ如군爲君、ㅂ如업爲業、ㅁ如땀爲覃、ㅅ如諺語(2)·옷爲衣、ㄹ如諺語실爲絲之類。五音之緩急、亦各自爲對。如牙之ㆁ與ㄱ爲對、而ㆁ促呼則變爲ㄱ而急、ㄱ舒出則變爲ㆁ而緩。舌之ㄴㄷ、脣之ㅁㅂ、齒之ㅿㅅ、喉之ㅇㆆ、其緩急相對、亦猶是也。

且《か》つㅇは声淡くして虚なり、必ずしも終《しゅう》に用いずして、中声、音を成すを得《う》べきなり。ㄷは볃の彆たるが如《ごと》く、ㄴは군の君たるが如く、ㅂは업の業たるが如く、ㅁは땀の覃たるが如く、ㅅは諺語《げんご》の·옷の衣たるが如く、ㄹは諺語の실の糸たるが如きの類なり。五音の緩急も亦《ま》た各自対《つい》を為《な》す。牙《が》のㆁはㄱと対を為して、ㆁ、促呼すれば則《すなわ》ち変じてㄱと為りて急なり、ㄱ、舒出《じょしゅつ》すれば則ち変じてㆁと為りて緩《ゆるやか》なるが如し。舌《ぜっ》のㄴㄷ、唇《しん》のㅁㅂ、歯《し》のㅿㅅ、喉《こう》のㅇㆆ、其《そ》の緩急の相《あ》い対するも亦《ま》た猶《な》お是《か》くのごときなり。

（1）○聲淡而虛、不必用於終…『訓民正音』の初声体系の中で、○は喉音の不清不濁であり、多くは無子音を表すので、「声が淡くて虚《うつ》ろ」であると説明している。『訓民正音』では終声「○」を採用していないが、『東国正韻』では音節末子音のない音節の場合、終声「○」を尽《ことごと》く用いており、漢字音が初声・中声・終声のすべてを兼ね備えた形に統一されている。

（2）諺語…朝鮮語の単語を指す。「諺」とは話し言葉の意であり、文章語の意である「文」と対立する語である。すなわち、文章語は漢語、漢文であり、それに対する話し言葉という意味で「諺」と称しているわけである。『訓民正音』では原則的に漢字音を用いて個々の音を説明する。しかし、説明すべき当該音が漢字音に存在しない場合には、このように「諺語」と断って朝鮮語の語例が挙げられる。ここでは、「옷」であるが、終声「ㅅ」は漢字音に存在しないため、朝鮮語の例が挙がっている。なお、次に挙げられた例「실」の終声「ㄹ」については、左の〔41〕を参照。

《補説》終声の緩急については、「緩（＝舒出）」が概して鼻音、「急（＝促呼）」が概して閉鎖音の終声である。そのように考えたとき、歯音の「ㅿ」と「ㅅ」が実際にどのような音であったのか問題になろう。初声の場合、「ㅿ」は［z］のような音、「ㅅ」は［s］のような音と推定されているが、終声の「ㅿ」、「ㅅ」はそれとは異なる音声であった可能性もある。

〔41〕さらに、半舌音のㄹは、朝鮮語に用いるべきであって、漢語に用いるべきでない。入《にっ》声《しょう》音を持つ「彆」の字は、終声にㄷを用いるべきなのに、朝鮮ではㄹと読み習わしている。思うにㄷが変じて軽くなったものであろうが、もしㄹを「彆」の終声に用いれば、その声が緩やかな音になり、入声にならない。

且半舌之ㄹ、當用於諺、而不可用於文(1)。如入聲之彆字、終聲當用ㄷ、而俗習讀爲ㄹ、蓋ㄷ變而爲輕也。若用ㄹ爲彆之終、則其聲舒緩、不爲入也。

且《か》つ半舌《はんぜつ》のㄹは、当《まさ》に諺《げん》に用いるべくして文に用いるべからず。入声《にっしょう》の彆《へつ》字は、終声、当《まさ》にㄷを用いるべかれども、俗習に読みてㄹと為《な》すが如《ごと》し、蓋《けだ》しㄷ、変じて軽と為るなり。若《も》しㄹを用いて彆の終《しゅう》と為さば、則《すなわ》ち其《そ》の声、舒緩《じょかん》にして、入《にゅう》を為さざるなり。

(1) 文…漢文を指す。すなわち、「諺」(話し言葉＝朝鮮語)に対して文章語という意味で「文」と言っている。ここでは漢字音という意味で用いられている。

《補説》漢字音において、中国中古音（隋・唐時代の音）の入声の韻尾［-t］が朝鮮漢字音では「ㄹ」（［-l］）として現れる。このことは当時の朝鮮の学者も認識しており、終声「ㄹ」は朝鮮において訛った「誤った音」であると認識していた。それゆえ、『訓民正音』では、漢字音の「ㄹ」を中国中古音の通り「ㄷ」（［-t］）と発音すべきであると考えた。「鷩」は実際の漢字音は「별」であったと推測されるが、『訓民正音』で「볃」と発音すべきであるとしているのは、そのためである。しかし、漢字音の終声「ㄹ」についての処理は学者内でも議論があったらしく、後に成った人工漢字音の集大成である『東国正韻』（一四四八年）では「ㅭ」（［-lʔ］）として処理している。これはおそらく、『訓民正音』のように「ㄷ」としてしまっては、現実の音である「ㄹ」と違いすぎるが、だからといって「ㄹ」では確かに促音である入声にならないため、その折衷的な妥協音として、現実音「ㄹ」に促音的な要素である「ㆆ」（［-ʔ］）を添えて「ㅭ」という人工音を作ったものと推測される。「ㅭ」についてはまた、「東国正韻序」の注（2）「以影補來」（一八四ページ）を参照。

〔42〕まとめ歌

不清不濁の字を終声に用いると、

平声・上声・去声となって入声にはならない。
全清・次清・全濁の字は、
みな入声となって音が詰まる。
初声が終声となるのは本来そのような道理であるが、
八字（ㄱㆁㄷㄴㅂㅁㅅㄹ）だけ用いても窮まりはない。
ただし、ㅇ音があるべき場所は、
中声で終わって音節を成しても構わない。
即（ᄌᆞᆨ）の字は終声にㄱを用い、
洪（ᅘᅩᇰ）・彆（ᄇᆑᆮ）はㆁ・ㄷを終声とする。
では、君（군）・業（ᅌᅥᆸ）・覃（땀）の終声はどうか。
ㄴ・ㅂ・ㅁを用いて順番に移し置く。
六つの音（ㄱㆁㄷㄴㅂㅁ）は漢語と朝鮮語にともに用い、
ㅅ・ㄹの終声は朝鮮語の「ᄋᆞᆺ」（衣）や「실」（糸）に用いる。
五音は緩・急がそれぞれ対立し、
ㄱはㆁの促音である。
ㄷ・ㅂの声が緩やかになればㄴ・ㅁとなり、

ㅿ・ㅇもㅅ・ㆆに対立する。
ㄹは朝鮮語には用いてよいが漢語には用いるべきでなく、ㄷが軽くなってㄹとなるのは俗習である。

訣曰
不清不濁用於終
爲平上去不爲入
全清次清及全濁
是皆爲入聲促急
初作終聲理固然
只將八字用不窮
唯有欲聲所當處
中聲成音亦可通
若書卽字終用君
洪彆亦以業斗終
君業覃終又何如

訣に曰《いわ》く
不清不濁を終《しゅう》に用いれば、
平《ひょう》・上《じょう》・去《きょ》と為《な》りて入《にゅう》と為らず。
全清・次清及び全濁は、
是《こ》れ皆入声《にっしょう》と為りて促急なり。
初《しょ》、終声と作《な》るは、理、固然なれども、
只《た》だ八字を将《もっ》て用いて窮まらず。
唯《た》だ欲声の当《まさ》に処すべき所《ところ》有らば、
中声もて音を成すも亦《ま》た通ずべし。
若《も》し即字を書かば終《しゅう》に君を用い、
洪・彆《へつ》は亦《ま》た業・斗を以《もっ》て終《しゅう》とす。
君・業・覃《たん》の終は又《ま》た何如《いかん》、

以那鶩彌次第推
六聲通乎文與諺
戌閭用於諺衣絲
五音緩急各自對
君聲迺是業之促
斗鶩聲緩爲那彌
穰欲亦對戌與挹
閭宜於諺不宜文
斗輕爲閭是俗習

那《だ》・鶩・弥《び》を以て次第に推せ。
六声は文と諺《げん》とに通じ、
戌《しゅつ》・閭《りょ》は諺の衣・糸に用いる。
五音は緩急各自対《つい》し、
君声は迺《すなわ》ち是《こ》れ業の促なり。
斗・鶩の声、緩《ゆるや》かなれば那・弥と為り、
穰《じょう》・欲も亦《ま》た戌と挹《ゆう》とに対す。
閭は諺に宜《よろ》しく、文に宜しからず、
斗、軽くして閭と為るは是《こ》れ俗習なり。

合字解(1)

〔43〕初声・中声・終声の三要素は、組み合わせて一文字を作る。初声字は、中声字の上に来るものもあれば、中声字の左に来るものもある。「君」字のㄱはㅜの上に来るし、「業」字のㆁはㅓの左に来るといった具合である。中声字で丸い形のものと横長のものは初声字の下に来る。ㆍ、ㅡ、ㅗ、ㅛ、ㅜ、ㅠがそれである。縦長のものは初声字の右に来る。ㅣ、ㅏ、ㅑ、ㅓ、ㅕがそれである。「呑」字のㆍはㅌの下にあり、「即」字のㅡはㅈの下に来る、「侵」字のㅣはㅊの右に来るといった具合である。終声字は初声字・中声字の下に来る。「君」字の終声字ㄴは구の下に来る、「業」字の終声字ㅂはᅌᅥの下に来るといった具合である。

初中終三聲、合而成字。(2) 初聲或在中聲之上、或在中聲之左。如君字ㄱ在ㅜ上、業字ㆁ在ㅓ左之類。中聲則圓者横者在初聲之下、ㆍㅡㅗ

初中終の三声は、合して字を成す。初声は、或《あるい》は中声の上に在り、或は中声の左に在り。君字のㄱはㅜの上に在り、業字のㆁはㅓの左に在るの類《たぐい》の如《ごと》し。中声は則《すなわ》ち円《まる》き者、横なる者は初声の下に

ㅛㅜㅠ是也。縱者在初聲之右、ㅣㅏㅑㅓㅕ是也。如呑字・在ㅌ下、即字ㅡ在ㄱ下、侵字ㅣ在ㅊ右之類。終聲在初中之下、如君字ㄴ在구下、業字ㅂ在ᅌᅥ下之類。

在り、・ㅡㅗㅛㅜㅠ是《これ》なり。縦なる者は初声の右に在り、ㅣㅏㅑㅓㅕ是なり。呑《とん》字の・はㅌの下に在り、即字のㅡはㄱの下に在り、侵字のㅣはㅊの右に在るの類の如し。終声は初《しょ》、中《ちゅう》の下に在り、君字のㄴは구の下に在り、業字のㅂはᅌᅥの下に在るの類の如し。

（1）「合字」とは個々の子音字母や母音字母を組み合わせることを言う。従って「合字解」は「字母の組み合わせ方についての解説」という意味である。

（2）字…この場合は、ハングルの子音字と母音字を組み合わせたハングル一文字を指して「字」と称している。ここでの「字」は、ハングル一文字を指すと同時に、ハングル一文字によって示される一音節も指している。

〔44〕初声字を二字・三字組み合わせて並書するのは、朝鮮語のᄯᅡ「地」、ᄠᅧᆨ「片割れ」、ᄢᅳᆷ「隙間《すきま》」などがその例である。同じ字を並書するのは、朝鮮語の혀「舌」に対しᅘᅧ「引く」、

괴·여「愛する」に対し괴·ᅇᅧ「愛される」、소·다「くつがえす」に対し쏘·다「射る」などがその例である。中声を二字・三字組み合わせるのは、朝鮮語の·과「琴柱《ことじ》」、·홰「たいまつ」などがその例である。終声を二字・三字組み合わせるのは、朝鮮語の·ᄒᆞᆰ「土」、·낛「釣」、ᄃᆞᇌ·ᄣᅢ「酉《とり》の刻」などがその例である。組み合わせて並書する場合は、左から右へと書き、初声・中声・終声の三ついずれも同じ要領である。

初聲二字三字合用竝書⑴、如諺語·ᄯᅡ⑵爲地、·ᄧᅡᆨ⑶爲隻、·ᄢᅳᆷ⑷爲隙之類。各自竝書⑸、如諺語·혀爲舌而·ᅘᅧ⑹爲引、괴·여⑺爲我愛人而괴·ᅇᅧ⑻爲人愛我、소·다⑼爲覆物而쏘·다⑽爲射之之類。中聲二字三字合用、如諺語·과⑾爲琴柱、·홰⑿爲炬之類。終聲二字三字合用、如諺語·ᄒᆞᆰ⒀爲土、·낛⒁爲釣、ᄃᆞᇌ·ᄣᅢ⒂爲酉時之類。其合用竝書、自左而右、初中終三聲皆同。

初声の二字三字の合用並書は、諺語《げんご》·ᄯᅡの「地」たり、·ᄧᅡᆨの「隻《せき》」たり、·ᄢᅳᆷの「隙《すき》」たるの類《たぐい》の如《ごと》し。各自並書は、諺語·혀の「舌」たれども·ᅘᅧの「引」たり、괴·여の「我、人を愛す」たれども괴·ᅇᅧの「人、我を愛す」たり、소·다の「物を覆《くつがえ》す」たれども쏘·다の「之《これ》を射る」たるの類の如し。中声の二字三字の合用は、諺語·과の「琴柱《ことじ》」たり、·홰の「炬《きょ》」たるの類の如し。終声の二字三字の合用は、諺語·ᄒᆞᆰの「土」たり、·낛の「釣」たり、ᄃᆞᇌ·ᄣᅢの「酉時《ゆうじ》」たるの類の如し。其《そ》の合用並書は、左よ

り右し、初中終の三声、皆同じ。

（1）合用並書…「合用」は異なる字母を組み合わせること、並書は字母を左右に並べて書くこと。

（2）·ᄯᅡ·…現代語「땅」。

（3）ᄧᅡᆨ…現代語「짝」。

（4）·ᄠᅳᆷ…同一の意味を表す現代語は「틈」であるが、「·ᄠᅳᆷ」という語は現代語に受け継がれていない。

（5）各自並書…同一字母を左右に並べて書くこと。

（6）·ᅘᅧ…基本形は「·ᅘᅧ·다」。「引く、弾《ひ》く」の意。現代語「켜다」。「·ᅘᅧ」はその連用形（아／어形）。

（7）괴·여…基本形は「괴·다」。「愛する」の意。現代語「괴다」。「괴·여」はその連用形（아／어形）。

（8）괴·ᅇᅧ…基本形は「괴·ᅇᅵ·다」。「괴·다」の受動形で「愛される」の意。現代語「괴이다」。「괴·ᅇᅧ」はその連用形（아／어形）。能動の「괴·다」は漢文で「我愛人」と示され、受動の「괴·ᅇᅵ·다」は主語と目的語を入れ換えて「人愛我」と示されているのが面白い。

（9）ᅀᅩ·다…基本形は「ᅀᅩᆫ·다」。「覆す」の意。「ᅀᅩ·다」はその連用形（아／어形）。現代語「쏟

다」。

（10）ᄡᅳ다…現代語「쓰다」。前注（9）とは異なり、この語は基本形で示されている。

（11）과…現代語「괘」。

（12）홰…現代語「횃불」、北では「홰불」。現代語は「홰」の後ろに「불」（火）が付いた合成語である。

（13）ᄒᆞᆰ…現代語「흙」。

（14）낛…現代語「낚시」。

（15）ᄃᆞᇌᄣᅢ…「ᄃᆞᇌ」は「ᄃᆞᆰ」（鶏）に属格語尾「ㅅ」（〜の）が付いた形である。「ᄃᆞᆰ」は現代語で「닭」、「ᄣᅢ」は現代語で「때」だが、「酉の刻」を現代語では「닭때」とは言わず、漢字語で「유시（酉時）」と言う。

（45）漢語と朝鮮語とを混用する場合、漢字の音によっては中声や終声を添えて書くものがある。例えば、「孔子ㅣ魯ㅅ사ᄅᆞᆷ」（孔子ガ魯《ろ》ノヒト）のような場合である。

文與諺雜用則有因字音而補以中終聲者、如孔子ㅣ魯ㅅ사ᄅᆞᆷ之類。

文と諺《げん》との雑用は則《すなわ》ち字音に因《よ》りて補うに中《ちゅう》、終声を以《もっ》てする者有り、「孔子ㅣ魯ㅅ사ᄅᆞᆷ」の類《たぐい》の

如《ごと》し。

《補説》合字解の冒頭で「初中終三聲、合而成字」と述べている通り、初声字のみ、中声字のみ、終声字のみでは一音節を表しえない。その一方で、漢字に続いて母音字だけの字、子音字だけの字、あるいは『訓民正音』には用例が挙げられていないが、初声字がなく中声字と終声字だけから成る字が書かれることがある。これは当該の字が一つの音節をなさず、直前の漢字と合わせて一つの音節を成すことを表す。例として挙がっている「子ㅣ」の場合、これを［dzʌ-i］（ザ・イ）のように二音節で発音したのではなく、［dzʌi］（ザィ）と全体で一音節で発音した。同様に「魯ㅅ」は［no-s］（ノ・ス）のように二音節で発音したのではなく、［nos］（ノス）全体を一音節として発音した。

〔46〕朝鮮語の平声・上声・去声・入声の例は、例えば활「弓」が平声、돌「石」が上声、갈「刀」が去声、붇「筆」が入声などである。あらゆる場合に、字の左に点を一つ加えると去声を表し、点二つは上声を表し、点のないものは平声を表す。ところで、漢語（漢字音）の入声は去声と同じ音調なのに対し、朝鮮語の入声は一定しておらず、あるときは긷「柱」、녑

「脇」などのように平声と同じく、あるときは낟「穀」、깁「絹」などのように上声と同じく、またあるときは몯「釘」、입「口」などのように去声と同じである。入声の点の加え方は平声・上声・去声の場合と同じである。平声は安らかで和やかであり、春である。万物はのんびりして安らかである。上声は和やかで挙がり、夏である。万物は次第に盛んになる。去声は挙がって盛んであり、秋である。万物は成熟している。入声はつまっていて塞がっており、冬である。万物は閉じて収まっている。

諺語平上去入、如활爲弓而其聲平、돌(1)爲石而其聲上、갈(2)爲刀而其聲去、붇(3)爲筆而其聲入之類。凡字之左、加一點爲去聲、二點爲上聲、無點爲平聲。而文之入聲、與去聲相似。諺之入聲無定(4)、或似平聲、如긷(5)爲柱、닙(6)爲脅。或似上聲、如낟(7)爲穀、깁(8)爲繒(9)。或似去聲、如몯(10)爲釘、입(11)爲口之類。其加點則與平上去同。

諺語《げんご》の平《ひょう》、上《じょう》、去《きょ》、入《にゅう》は、활の「弓」たりて其《そ》の声は平、돌の「石」たりて其の声は上、갈の「刀」たりて其の声は去、붇の筆たりて其の声は入の類《たぐい》の如《ごと》し。凡《およ》そ字の左に一点を加うるは去声と為《な》り、二点は上声と為り、無点は平声と為る。而《しか》るに文の入声《にっしょう》は、去声と相い似たれども、諺《げん》の入声は定まる無し。或《あるい》は平声に似る。긷の「柱」たり、닙の「脅」たるが如し。或は上声に似る。낟の「穀」たり、깁の「繒《そう》」たるが如し。或は去声に似る。

平聲安而和、春也、萬物舒泰。上聲和而舉、夏也、萬物漸盛。去聲舉而壯、秋也、萬物成熟。入聲促而塞、冬也、萬物閉藏。

몸の「釘《くぎ》」たり、입の「口」たるの類の如し。其の加点するは則《すなわ》ち平、上、去と同じ。平声は安らかにして和す。春なり。万物舒泰《じょたい》す。上声は和にして挙がる。夏なり。万物漸盛《ぜんせい》す。去声は挙《あが》りて壮なり。秋なり。万物成熟す。入声は促して塞がる。冬なり。万物閉蔵す。

（1）돌…現代語「돌」（母音は長音）。

（2）갈…現代語「칼」。「갈」という語形は「갈치」（タチウオ）の中に残っている。

（3）붇…現代語「붓」。現代語の体言には語末が子音「ㄷ」であるものは存在しない。十五世紀語で語末に子音「ㄷ」があったものは、現代語では「ㅅ」となっている。

（4）文之入聲、與去聲相似。諺之入聲無定…平、上、去、入の声調については二五ページ注（9）「去聲、上聲、平聲、入聲」を参照。平声・上声・去声の三種が一音節内部の音の上がり下がりの音程（これを調値という）に基づく区分であるのに対し、独り入声だけは調値により区分されるのではなく、音節末子音が閉鎖音（[-p, -t, -k]など）であることによって区分される。「文之入聲、與去聲相似。」は、朝鮮漢字音の入声の調値が去声と同じであることを言っている。それに対し、朝鮮語の入声は「無定」、すなわち調値としては平声と同じでもありうるし、上声と同じでもありうるし、またあるいは去声と同じでもありうるということである。

(5) **긷**…現代語「기둥」。

(6) **녑**…現代語「옆」。

(7) **:낟**…現代語「낟알」。現代語では「낟」単独で用いることはない。

(8) **:깁**…現代語「깁」(母音は長音)。

(9) 繒…絹織物の総称。

(10) **·몯**…現代語「못」。終声「ㄷ」については注(3)「**붇**」を参照。

(11) **·입**…現代語「입」。

《補説》声調の描写は、中国においても古くから感覚的な記述であった。例えば、唐の『元和韻譜』(九世紀前半)では平声を「哀しくして安らかなり(哀而安)」、上声を「厲《はげ》しくして挙がる(厲而擧)」、去声を「清くして遠し(清而遠)」、入声を「直にして促す(直而促)」と表現している。また、朝鮮語によって書かれた『世宗御製《ぎょせい》訓民正音』(いわゆる「諺解本《げんかいぼん》」)では、平声を「まさに低い音(ᄆᆞᆺ ᄂᆞᆽ가ᄫᆞᆫ 소리)」、上声を「始めが低く終わりが高い音(처ᅀᅥᆷ미 ᄂᆞᆽ갑고 乃終이 노ᄑᆞᆫ 소리)」、去声が「まさに高い音(ᄆᆞᆺ 노ᄑᆞᆫ 소리)」、入声が「速く収まる音(ᄲᆞᆯ리 긋ᄃᆞᆮᄂᆞᆫ 소리)」と記されている。当時の朝鮮語音の高低については、〔10〕の注(9)(二五ページ)参照。

〔47〕初声のㆆはㅇと似かよっており、朝鮮語においてはㅇで通用させることができる。半舌音には軽重の二つの音があるが、中国の韻書での音は一つしかない。また、わが国の言葉では軽重の区別がないが、いずれであっても音として成り立ちうる。もしもの場合に備えて用いようとするならば、唇軽音の例にならい、ㅇをㄹの下に連ねて書けば、半舌軽音を表す字となる。半舌軽音は舌がさっと上歯茎に付く音である。ㅣで始まる・やㅡは、わが国の言葉では用いることがない。ひょっとして、児童の言葉や田舎の言葉にはこの音があるかもしれないが、このときは二字を合わせて用いればよい。ᄀᆝᄀᆜの類である。縦が先で横が後なのは、他の場合と異なる。

初聲之ㆆ與ㅇ相似、於諺可以通用也(1)。半舌有輕重二音(2)。然韻書字母唯一、且國語雖不分輕重、皆得成音。若欲備用、則依脣輕例、ㅇ連書ㄹ下(3)、爲半舌輕音、舌乍附上顎。・ㅡ起ㅣ聲、於國語無用。兒童之

初声のㆆはㅇと相《あ》い似たり、諺《げん》に於《お》いて以《もっ》て通用すべきなり。半舌《はんぜつ》に軽重二音有り。然《しか》れども韻書の字母は唯《た》だ一つ、且《か》つ国語は軽重を分かたずと雖《いえど》も、皆音を成し得《う》。若《も》し備えて用いんと欲すれば、則《すなわ》ち唇軽の例に依《よ》りて、ㅇをㄹの下に連書すれば、半舌軽音と為《な》る。舌、乍《たちま》ち上腭《じょうがく》に附《つ》く。・ㅡのㅣ

言、邊野之語、或有之、(4)當合二字而用。如、ᄀᆝᄀᆜ之類。其先縱後橫、與他不同。(5)

より起る声は、国語に於て用無し。児童の言、辺野の語、或《あるい》は之《これ》有り、当《まさ》に二字を合せて用いるべし。ᄀᆝᄀᆜの類《たぐい》の如《ごと》し。其《そ》の縦を先して横を後するは、他と同じからず。

（1）初聲之ㆆ與ㅇ相似、於諺可以通用也…ㆆの音価は［ʔ］、ㅇの音価は無音もしくは［ɦ］と考えられている。ㆆに相当する中国中古音の声母は影母、ㅇに相当する声母は喩母と、両者は区別されており、中古音を模範とする東国正韻式漢字音もそれに倣ってㆆとㅇを区別している。しかしながら、現実の朝鮮語音は両者の区別がなかった。

（2）半舌有輕重二音…半舌重音は［l］、半舌軽音は［ɾ］と推測される。

（3）ㅇ連書ㄹ下…半舌軽音を表す字は「ᄛ」とされているが、この文字が実用に附された形跡はない。

（4）兒童之言、邊野之語、或有之…現代語の標準語においても［jɯ］（ᆜ）という音の組み合わせはないが、忠清道方言には［jɯːŋ］「まったく」（標準語「영」［jɔːŋ］）など［jɯ］がありうる。また、［jʌ］（ᆝ）は済州島方言［jʌsat］「六」（標準語「여섯」［jɔsɔt］）などがありうる。現代の朝鮮語方言学では、［jɯːŋ］を「ᄋᆜᆼ」、［jʌsat］を「ᄋᆢᄉᆞᆺ」のように表記することがある。

（5）其先縦後横、與他不同…通常、母音字の合用は「ㅜ」のごとく、「ㅗㅡ・」といった横長の字を先に（左側に）書き、「ㅏㅣ」といった縦長の字を後に（右側に）書く。

《補説》ここでは万が一のための予備表記に関して規定がなされている。半舌音は、中国語においては［l］（来母）一種のみである。「韻書字母唯一」とはそのことを言っている。朝鮮語の場合、初声の位置では［ɾ］、終声の位置では［l］音で現れるが、朝鮮語話者にとって両者の区別はなく、ともに同一の子音として認識されている。「國語雖不分輕重」はそのことを言っているものである。

〔48〕まとめ歌

初声は中声の左あるいは上に書き、

ㆆ・ㅇは朝鮮語では同じように用いる。

中声十一字は初声に付けるが、

丸いものや横長のものは下に書き、初声の右に書くものは縦長のものである。

終声をどこに書けばいいのか、

初声・中声の下に付けて書くのだ。
初声・終声の合用はそれぞれ並書し、
中声も同じく合用するが尽《ことごと》く左から始まる。
朝鮮語の四声はどのように区別するか、
平声は활、上声は돌である。
갈は去声で붇は入声であり、
この四つを見れば他も分かるであろう。
音は左の点によって四声を区分し、
点が一つは去声、点が二つは上声、点がないのは平声である。
朝鮮語の入声は定まっていないが、
やはり点を加え、漢語の入声は去声に似ている。
朝鮮の言語は（中国の言語と）決して同じでないが、
音があるのに字がないため、（漢字で）書いてもなかなか通じにくかった。
一朝にして文字をお作りになったことは霊妙な業に等しく、
朝鮮の長年の暗闇をお開きになったのだ。

訣曰
初聲在中聲左上
挹欲於諺用相同
中聲十一附初聲
圓横書下右書縦
欲書終聲在何處
初中聲下接着寫
初終合用各竝書
中亦有合悉自左
諺之四聲何以辨
平聲則弓上則石
刀爲去而筆爲入
觀此四物他可識
音因左點四聲分
一去二上無點平
語入無定亦加點

訣に曰《いわ》く、
初声は中声の左、上に在り、
挹《ゆう》、欲は諺《げん》に於《おい》て用いること相い同じ。
中声十一は初声に附《つ》け、
円、横は下に書き、右書するは縦なり。
終声を書かんと欲すれば何処《いずく》にか在らん、
初《しょ》、中声の下に接着して写す。
初《しょ》、終《しゅう》の合用は各々並書し、
中《ちゅう》も亦《ま》た合有り、悉《ことごと》く左自《よ》りす。
諺の四声は何を以《もっ》て弁ぜん、
平声《ひょうしょう》は則《すなわ》ち弓、上《じょう》は則ち石なり。
刀は去《きょ》たりて筆は入《にゅう》たり、
此《こ》の四物を観れば他は識《し》るべし。
音は左点に因《よ》りて四声分かち、
一は去、二は上、無点は平《ひょう》なり。
語の入は定まる無けれども亦た点を加え、

文之入則似去聲
方言俚語(1)萬不同
有聲無字書難通
一朝
制作侔神工(2)
大東千古開朦朧

文の入は則ち去声に似る。
方言・俚語《りご》は万《ばん》に同じからず、
声有りて字無きは書きて通じ難し。
一朝の
制作は神工に侔《ひと》しく、
大東千古、朦朧《もうろう》を開けり。

(1) 方言俚語…俚語《りご》とは民間で用いられている卑俗な言語を指す。合字解の中で「兒童之言、邊野之語」についての記述があるので、それに対応する文言《もんごん》とも考えられるが、半舌軽音に関する記述が訣に現れていないことから、万一に備えた表記法については訣では扱っていないと考えるのが妥当である。「方言俚語」の文言は鄭麟趾序にも現れ、事大主義的な考え方から、中華に対し自民族の言語を「方言」あるいは「俚語」と称したものと見られる。

(2) 一朝制作侔神工…国王に関する記述が文中に現れる場合、敬意を表する意味で改行して前行と同じ高さから再び書き出した。これを「平出《へいしゅつ》」という。この場合、「制作」が国王による制作を意味するため、平出がなされている。平出は、鄭麟趾序の中でも見られる。

用字例[1]

〔49〕初声ㄱは、감「柿」、ᄀᆞᆯ「蘆《あし》」など。ㅋは、우케「臼《うす》で搗《つ》いていない稲」、콩「大豆」など。ㆁは、러ᅌᅮᆯ「かわうそ」、서ᅌᅦの「流氷」など。ㄷは、뒤「茅《かや》」、담「かきね」など。ㅌは、고티「繭」、두텁「ひきがえる」など。ㄴは、노로「のろじか」、납「猿《さる》」など。ㅂは、벌「蜂《はち》」など。ㅍは、파「ねぎ」、풀「はえ」など。ㅁは、뫼「山」、마「やまいも」など。ㅸは、사ᄫᅵ「えび」、드ᄫᅴ「ひさご」など。ㅈは、자「尺」、죠ᄒᆡ「紙」など。ㅊは、체「ふるい」、채「むち」など。ㅅは、손「手」、셤「島」など。ㅎは、부헝「みみずく」、힘「筋」など。ㅇは、비육「ひよこ」、ᄇᆞ얌「蛇《へび》」など。ㄹは、무뤼「雹《ひょう》」、어름「氷」など。ㅿは、아ᅀᆞ「弟」、너ᅀᅵ「野雁《のがん》」など。

初聲ㄱ、如감爲柿[2]、ᄀᆞᆯ爲蘆[3]。ㅋ、如우케[4]爲未舂稻、콩[5]爲大豆。ㆁ、如러ᅌᅮᆯ[6]爲獺[7]、서ᅌᅦ[8]爲流凘[9]。ㄷ、如

初声ㄱは、감の柿たり、ᄀᆞᆯの蘆《あし》たるが如《ごと》し。ㅋは、우케の未だ舂《つ》かざる稲たり、콩の大豆たるが如し。ㆁは、러ᅌᅮᆯの獺《だつ》たり、서ᅌᅦの流凘《りゅうし》たるが如し。ㄷ

·뒤⑩爲茅、·담⑪爲墻⑫。ㅌ、如·고·티⑬爲繭、두텁⑭爲蟾蜍⑮。ㄴ、如·노로⑯爲獐、납⑰爲猿。ㅂ、如·불⑱爲臂⑲、·벌⑳爲蜂。ㅍ、如·파㉑爲葱、·ᄑᆞᆯ㉒爲蠅。ㅁ、如:뫼㉓爲山、·마㉔爲薯藇㉕。ㅸ、如사·ᄫᅵ㉖爲蝦、드·ᄫᅴ㉗爲瓠㉘。ㅈ、如·자㉙爲尺、죠·ᄒᆡ㉚爲紙。ㅊ、如·체㉛爲籭、·채㉜爲鞭。ㅅ、如·손㉝爲手、:셤㉞爲島。ㅎ、如·부ᅘᅵ㉟爲鵂鶹㊱、·힘㊲爲筋。ㅇ、如·비육㊳爲鷄雛、·ᄇᆞ얌㊴爲蛇。ㄹ、如·무뤼㊵爲雹、어·름㊶爲氷。ㅿ、如아ᅀᆞ㊷爲弟、:너ᅀᅵ㊸爲鴇㊹。

は、·뒤の茅《かや》たり、·담の墻《かき》たるが如し。ㅌは、·고·티の繭たり、두텁の蟾蜍《せんじょ》たるが如し。ㄴは、·노로の獐《のろ》たり、납の猿《さる》たるが如し。ㅂは、·불の臂《うで》たり、·벌の蜂《はち》たるが如し。ㅍは、·파の葱《ねぎ》たり、·ᄑᆞᆯの蠅《はえ》たるが如し。ㅁは、:뫼の山たり、·마の薯藇《しょよ》たるが如し。ㅸは、사·ᄫᅵの蝦《えび》たり、드·ᄫᅴの瓠《ひさご》たるが如し。ㅈは、·자の尺たり、죠·ᄒᆡの紙たるが如し。ㅊは、·체の籭《ふるい》たり、·채の鞭《むち》たるが如し。ㅅは、·손の手たり、:셤の島たるが如し。ㅎは、·부ᅘᅵの鵂鶹《きゅうりゅう》たり、·힘の筋たるが如し。ㅇは、·비육の鶏雛《けいすう》たり、·ᄇᆞ얌の蛇《へび》たるが如し。ㄹは、·무뤼の雹《ひょう》たり、어·름の氷たるが如し。ㅿは、아ᅀᆞの弟たり、:너ᅀᅵの鴇《のがん》たるが如し。

（1）「用字例」は具体的な文字の使用例を掲げた章である。ここに掲げられた例はすべて朝鮮の固有語である。初声字は「ㆆ」を除き「ㅸ」を加えた十七字につき各二語の計三十四語、中声字は十一字につき各四語の計四十四語、終声字は八字につき各二語の計十六語、総計して九十四語が挙げられている。

（2）·감…柿。現代語「감」（母音は長音）。

（3）·ᄀᆞᆯ…葦《あし》。現代語「갈、갈대」。

（4）우·케…干し稲。刈り取り後、臼《うす》で搗《つ》くために干した稲。現代語「우케」。

（5）콩…大豆。現代語「콩」。

（6）러·울…川獺《かわうそ》、あるいは貉《むじな》。現代語「수달（水獺。漢字語）」。넝우·리あるいは너·구·리とも現れる。러·울の直接の現代語形は「너구리」であるが、これは狸《たぬき》の意。

（7）獺…川獺《かわうそ》。しかしながら、「獺」には「水獺《すいだつ》（川獺の類）」と「山獺《さんだつ》（貉《むじな》の類）」とがあった。『訓蒙字会』（一五二七年）「獺」字の項に「俗に水獺《すいだつ》と呼ぶ（俗呼水獺）」とあり、「貉」字の項に「俗に山獺《さんだつ》と呼ぶ（俗呼山獺）」とある。

（8）서·에…流氷。現代語「성에、성엣장」。

（9）流澌…融けて流れる氷。

（10）·뒤…茅《かや》。現代語「띠」。

（11）·담…垣根。現代語「담」。

（12）墻…垣、垣根。

（13）고·티…繭。現代語「고치」。

（14）두텁…ひきがえる。現代語「두꺼비」。また、平安道方言形として「두터비」がある。な

お、「두텁ㅣ、두껍ㅣ」はいずれも「厚い、篤い」の意の形容詞語幹。
(15) 蟾蜍…ひきがえる。
(16) 노ᄅᆞ…ノロジカ。日本語名の「ノロ」は、この語形に由来するものと思われる。現代語「노루」。
(17) 납…猿《さる》。現代語「원숭이」。「납」は死語であるが、南部を中心として存在する「猿」語の方言形「납、나비、잔나비」などに残っている。
(18) ᄇᆞᆯ…腕。現代語「팔」。
(19) 臂…腕、ただむき。
(20) 벌〯…蜂《はち》。現代語「벌」(母音は長音)。
(21) 파〮…ねぎ。現代語「파」。
(22) ᄑᆞᆯ〮…蠅《はえ》。現代語「파리」。
(23) 뫼〯…山。現代語「산(山。漢字語)」。「뫼」は死語となっているが、現代語の「멧돼지(いのしし。原義は《山の豚》)」などの「메」に化石化して残っている。
(24) 마〮…やまいも。現代語「마」。
(25) 薯蕷…やまいも。薯蕷あるいは諸與にも作る。
(26) 사ᄫᅵ〮…えび。現代語「새우」。南部方言および東北方言に「새비」という語形がある。
(27) 드ᄫᅴ〮…ひさご、ふくべ。現代語「뒤웅박」。
(28) 瓠…ひさご、ふくべ。

(29) ·자…尺。現代語「자」。
(30) 죠·히…紙。現代語「종이」。
(31) ·체…ふるい。現代語「체」。
(32) ·채…むち。現代語「채、채찍」。
(33) ·손…手。現代語「손」。
(34) ·셤…島。現代語「섬」(母音は長音)。一説に、日本語の「しま」は、この語と関連があるのではないかともいう。
(35) ·부헝…みみずく。現代語「부엉이」。
(36) 鵂鶹…みみずく。
(37) ·힘…筋。現代語「힘」。
(38) ·비육…ひよこ。現代語「병아리」。現代語でひよこの鳴き声の擬声語「삐약」は、その音形が「비육」に類似する。
(39) ·ᄇᆞ얌…蛇《へび》。
(40) ·무뤼…雹《ひょう》。現代語「누리」。ただし、通常は漢字語「우박(雨雹)」を用いる場合が多い。
(41) 어·름…氷。現代語「얼음」。
(42) 아ᅀᆞ…弟。現代語「아우」。
(43) :너ᅀᅵ…野雁《のがん》。現代語「느시、너새、능에」。
(44) 鴇…野雁。

〔50〕中声・は、·ᄐᆞᆨ「あご」、·ᄑᆞᆺ「小豆」、ᄃᆞ·리「橋」、·ᄀᆞ래「オニグルミ」など。ㅡは、·믈「水」、·발·측「きびす」、그·력「雁《がん》」、드·레「つるべ」など。ㅣは、·깃「巣」、·밀「蠟《ろう》」、·피「稷《ひえ》」、·키「箕《み》」など。ㅗは、·논「水田」、·톱「爪」、호·ᄆᆡ「鋤《すき》」、벼·로「すずり」など。ㅏは、·밥「飯」、·낟「鎌」、이·아「綜糸《あぜいと》」、사·ᄉᆞᆷ「鹿」など。ㅜは、숫「炭」、·울「まがき」、누·에「蚕」、구·리「銅」など。ㅓは、브ᅀᅥᆸ「かまど」、:널「板」、서·리「霜」、버·들「柳」など。ㅛは、:종「しもべ」、·고ᄫᅩᆷ「マメガキ」、·쇼「牛」、삽됴「蒼朮《おけら》」など。ㅑは、남샹「亀」、·약「ウミガメ」、다·야「たらい」、쟈감「ソバ皮」など。ㅠは、율믜「ハトムギ」、·쥭「ご飯じゃもじ」、슈·룹「雨傘」、쥬련「手ぬぐい」など。ㅕは、·엿「飴《あめ》」、·뎔「寺」、·벼「稲」、:져비「ツバメ」など。

中聲・、如·ᄐᆞᆨ(1)爲頤、·ᄑᆞᆺ(2)爲小豆、ᄃᆞ·리(3)爲橋、·ᄀᆞ래(4)爲楸(5)。ㅡ、如·믈(6)爲水、·발·측(7)爲跟、그·력(8)爲鴈、드·레(9)爲汲器。ㅣ、如·깃(10)爲巣、·밀(11)爲蠟、·피(12)爲稷(13)、·키(14)爲箕。ㅗ、如·논(15)爲水田、·톱(16)爲鉅(17)、

中声・は、·ᄐᆞᆨの頤《おとがい》たり、·ᄑᆞᆺの小豆《あずき》たり、ᄃᆞ·리の橋たり、·ᄀᆞ래の楸《しゅう》たるが如し。ㅡは、·믈の水たり、·발·측の跟《きびす》たり、그·력の鴈《がん》たり、드·레の汲器《きゅうき》たるが如し。ㅣは、·깃の巣たり、·밀の蠟《ろう》たり、·피の稷《しょく》たり、·키の箕《み》たるが如し。ㅗは、·논の水田たり、·톱

호·ᄆᆡ(18)為鉏(19)、벼·로(20)為硯。ㅏ、如·밥(21)為飯、·낟(22)為鎌、이·ᅌᅡ(23)為綜、사·ᄉᆞᆷ(24)為鹿。ㅜ、如숫(25)為炭、·울(26)為籬、누·에(27)為蚕、구·리(28)為銅。ㅓ、如브·ᅀᅥᆸ(29)為竈、·널(30)為板、서·리(31)為霜、버·들(32)為柳。ㅛ、如:죵(33)為奴、·고·욤(34)為梬(35)、·쇼(36)為牛、삽됴(37)為蒼朮菜(38)。ㅑ、如남샹(39)為龜、:약(40)為鼅鼊(41)、다·야(42)為匜(43)、쟈감(44)為蕎麥皮。ㅠ、如·율믜(45)為薏苡(46)、·쥭(47)為飯臿(48)、·슈·룹(49)為雨繖(50)、쥬·련(51)為帨(52)。ㅕ、如·엿(53)為飴餹、·뎔(54)為佛寺、·벼(55)為稻、:져비(56)為燕。

の鉅《きょ》たり、호ᄆᆡの鉏《しょ》たり、벼로の硯《すずり》たるが如し。ㅏは、밥の飯たり、낟の鎌《かま》たり、이ᅌᅡの綜《そう》たり、사ᄉᆞᆷの鹿たるが如し。ㅜは、숫の炭たり、울の籬《まがき》たり、누에の蚕たり、구리の銅たるが如し。ㅓは、브ᅀᅥᆸの竈《かまど》たり、널の板たり、서리の霜たり、버들の柳たるが如し。ㅛは、죵の奴たり、고욤の梬《えい》たり、쇼の牛たり、삽됴の蒼朮菜《そうじゅつさい》たるが如し。ㅑは、남샹の亀たり、약の鼅鼊《こうへき》たり、다야の匜《い》たり、쟈감の蕎麦皮《きょうばくひ》たるが如し。ㅠは、율믜の薏苡《よくい》たり、쥭の飯臿《はんそう》たり、슈룹の雨繖《うさん》たり、쥬련の帨《せい》たるが如し。ㅕは、엿の飴餹《いとう》たり、뎔の仏寺たり、벼の稲たり、져비の燕《つばめ》たるが如し。

（1）ᄐᆞᆨ…あご。現代語「턱」。
（2）ᄑᆞᆺ…小豆。現代語「팥」。
（3）ᄃᆞ리…橋。現代語「다리」。

（4）ᄀᆞ래…オニグルミ（鬼胡桃）。現代語「가래나무」。

（5）楸…本来はキササゲ（木豇豆）を指すが、朝鮮ではオニグルミを指した。『訓蒙字会』（一五二七年）「楸」字の項に「実は山核桃《さんかくとう》と曰《い》う（實曰山核桃）」とあるが、「山核桃」はオニグルミの実のこと。

（6）믈…水。現代語「물」。

（7）발측…きびす。現代語「발뒤축、발꿈치、발뒤꿈치」。

（8）그력…雁《がん》。現代語「기러기」。

（9）드레…つるべ。現代語「두레박」。「박」は瓢《ふくべ》のこと。

（10）깃…巣。

（11）밀…蜜蠟《みつろう》。現代語「밀」。

（12）피…稗《ひえ》。現代語「피」。

（13）稷…本来はキビを指すが、朝鮮ではヒエを指した。『訓蒙字会』「稷」字の項に「俗に䵗《ひ》子《し》と呼ぶ（俗呼䵗子）」とある。「䵗子」とはヒエ。

（14）키…箕《み》。現代語「키」。

（15）논…水田。現代語「논」。

（16）톱…爪あるいはのこぎり。現代語「손톱」（手の爪）、「발톱」（足の爪）、「톱」（のこぎり）。

（17）鉅…蹴爪《けづめ》。「距」に同じ。『正字通』に「鉅は距と通ず（鉅與距通）」とある。「鉅」を「鋸《のこぎり》」と同じと見る見解もあるが、「鉅」は上声、「鋸」は去声であって、声調が異なる。しかし

ながら、朝鮮漢字音で「鉅」と「鋸」はいずれも「거」と同音であり、『訓蒙字会』（一五二七年）では「鉅」、「鋸」ともに訓が「·톱」となっている。

(18) 호·미…草取り鎌《がま》。現代語「호미」。『訓蒙字会』には「鋤《しょ》」（すき）、「钁《かく》」（おおすき）、「鎡《じ》」（すき）、「錤《き》」（すき）の四字に「호·미」の訓が付いている。

(19) 鉏…鋤《すき》。「鋤」に同じ。

(20) 벼·로…硯《すずり》。現代語「벼루」。

(21) ·밥…飯。現代語「밥」。

(22) ·낟…鎌《かま》。現代語「낫」。

(23) 이·아…綜糸《あぜいと》。織機で縦糸を上下に分けるために結んだ太い糸。現代語「잉아」。

(24) 사·ᄉᆞᆷ…鹿。現代語「사슴」。

(25) 숫…炭。現代語「숯」。

(26) ·올…籬《まがき》。竹や柴などを粗く編んだ垣根。現代語「울、울타리」。

(27) 누·에…蚕。現代語「누에」。

(28) 구·리…銅。現代語「구리」。

(29) 브섭…竈《かまど》、厨《くりや》。現代語「부엌」（台所）。

(30) ·널…板。現代語「널、널빤지」。

(31) 서·리…霜。現代語「서리」。

(32) 버·들…柳。現代語「버들、버드나무」。

(33)·죵…しもべ。現代語「종」。
(34)·ᄀᆞ욤…マメガキ(豆柿)。現代語「고욤나무」。
(35)榑…サルガキ(猿柿)あるいはマメガキ。
(36)·쇼…牛。現代語「소」。
(37)삽됴…オケラ(朮)。薬草の一種。現代語「삽주」。
(38)蒼朮菜…(食材としての)オケラ。蒼朮はオケラ。
(39)남샹…イシガメ(石亀)。現代語「남생이」。
(40)약…ウミガメ(海亀)、タイマイ(玳瑁)。死語。
(41)鼊鼅…亀の一種。『集韻』に「鼊鼅《こうへき》は水虫の名、亀に似るも皮に文《もん》有り(鼊鼅水蟲名、似龜皮有文。)」とある。
(42)다·야…たらい、半挿《はんぞう》。現代語「대야」。
(43)匜…ひさげ(注ぎ口のついた小鍋型の器)。匜に同じ。『訓蒙字会』(一五二七年)「匜」字の項に「·귀다·야(注ぎ口のついたたらい)」とある。
(44)쟈감…ソバ皮。死語。
(45)욜믜…ハトムギ(鳩麦)。現代語「율무」。
(46)薏苡…ハトムギ。
(47)쥭…杓子《しやくし》、しゃもじ。現代語「주걱」。
(48)飯𣛻…杓子《しやくし》、しゃもじ。『訓蒙字会』「𣛻」字の項に「亦《ま》た㮶《そう》に作る。即《すなわ》ち飯臿なり。一名櫢（亦作臿。卽飯臿。一名櫢。）」とある。「臿」は鍤《すき》、従って「飯臿」とは飯をよそう鍤状の道具、すなわちしゃもじを指す。また「櫢」も飯をよそうしゃもじのこと。

(49) 슈·룹…雨傘。現代では死語となっており、現代語は漢字語の「우산（雨傘）」を用いる。「슈·룹」の語は『訓民正音』頒布当時に半ば死語化していた可能性があり、『訓民正音』以外に用例を見ない。宋の孫穆《そんぼく》による『鶏林類事』（一一〇三年）の「方言」に「傘は聚笠《しゅうりゅう》と曰《い》う（傘曰聚笠）」とある。この「聚笠」は「슈·룹」の前段階の語形を映したものと思われる。

(50) 雨繖…雨傘。「繖」は「傘」に同じ。

(51) 쥬련…手ぬぐい。死語。現代語では漢字語「수건（手巾）」を用いる。

(52) 帨…手ふき、手ぬぐい。

(53) ·엿…飴《あめ》。現代語「엿」。また、キャンディーなどの西洋の飴は現代語では漢字語で「사탕（砂糖）」という。

(54) ·뎔…寺。現代語「절」。

(55) ·벼…稲。現代語「벼」。

(56) :져비…燕《つばめ》。現代語「제비」。

〔51〕終声ㄱは、닥「楮《こうぞ》」、독「甕《かめ》」など。ㆁは、굼벙「地虫《じむし》」、올창「おたまじゃくし」など。ㄷは、갇「笠《かさ》」、싣「楓《かえで》」など。ㄴは、신「履き物」、반되「ホタル」など。ㅂは、섭「たきぎ」、굽「ひづめ」など。ㅁは、범「虎」、ᄉᆡᆷ「泉」など。ㅅは、잣「ゴヨウマツ」、못「池」など。ㄹは、ᄃᆞᆯ「月」、별「星」など。

終聲ㄱ、如닥(1)爲楮、독(2)爲甕。ㆁ、如굼벙(3)爲蠐螬(4)、올창(5)爲蝌蚪(6)。ㄷ、如갇(7)爲笠、싣(8)爲楓。ㄴ、如신(9)爲履(10)、반되(11)爲螢。ㅂ、如섭(12)爲薪、굽(13)爲蹄。ㅁ、如범(14)爲虎、ᄉᆡᆷ(15)爲泉。ㅅ、如잣(16)爲海松(17)、못(18)爲池。ㄹ、如ᄃᆞᆯ(19)爲月、별(20)爲星之類。

終声ㄱは、닥の楮《こうぞ》たり、독の甕《かめ》たるが如《ごと》し。ㆁは、굼벙の蠐螬《せいそう》たり、올창の蝌蚪《かと》たるが如し。ㄷは、갇の笠《かさ》たり、싣の楓《かえで》たるが如し。ㄴは、신の履《くつ》たり、반되の蛍《ほたる》たるが如し。ㅂは、섭の薪《たきぎ》たり、굽の蹄《ひづめ》たるが如し。ㅁは、범の虎たり、ᄉᆡᆷの泉たるが如し。ㅅは、잣の海松《かいしょう》たり、못の池たるが如し。ㄹは、ᄃᆞᆯの月たり、별の星たるが如きの類なり。

(1) 닥…楮《こうぞ》。現代語「닥나무」。
(2) 독…甕《かめ》。現代語「독」。
(3) 굼벙…地虫《じむし》。現代語「굼벵이」。地中に住むカイコに似た白色の太い虫。一般にはコガネ

ムシの幼虫として知られているが、朝鮮ではセミの幼虫と混同していたようである。『訓蒙字会』（一五二七年）「螬」字の項に「蠐螬」の注があり「秋に至りて化して蟬《せみ》と為《な》る（至秋化爲蟬）」とある。現代語の辞典でも、その多くが「굼벵이」をセミの幼虫としている。

（4）蠐螬…地虫《じむし》。『爾雅』の「釋蟲第十五」の「蠐螬」の中に「糞土の中に在り（在糞土中）」とある。漢方薬では一般にコガネムシ（あるいはカブトムシ）の幼虫とされる。

（5）·올창…オタマジャクシ。現代語「올챙이」。

（6）蝌蚪…オタマジャクシ。

（7）·갇…笠《かさ》。かぶりがさ。頭に被るかさ。現代語「갓」。

（8）싣…楓《かえで》。現代語「신나무」。

（9）·신…靴。履き物。現代語「신」。

（10）屨…くつ。履き物。

（11）·반되…ホタル（蛍）。現代語「반디、개똥벌레」。

（12）섭…柴《しば》。薪《たきぎ》。現代語「섶」。

（13）·굽…蹄《ひづめ》。現代語「굽」。

（14）·범…トラ（虎）。現代語「범、호랑이」。

（15）:심…泉。現代語「샘」。

（16）:잣…チョウセンゴヨウ（朝鮮五葉）。松の一種。現代語「잣나무」。

(17) 海松…チョウセンゴヨウ（朝鮮五葉）。

(18) ·못…池。現代語「연못」。現代語は「연（蓮）」と「못（池）」からなる合成語である。

(19) ·ᄃᆞᆯ…月。現代語「달」。

(20) ·별…星。現代語「별」。

（鄭麟趾序（1））

〔52〕この世の自然の音声があるのならば、それに対応するこの世の自然の文様（文字）がある。だから、いにしえの人は音声に基づいて字を作り、それを用いて万物の様子を知り、それを用いて天地人の道理を込めた。それゆえ、後世にそれを勝手に変えることはできないのである。しかしながら、四方の風土が異なると、音声や気息もまたそれに従って異なる。そもそも外国の言葉は、音声があっても文字を持たず、中国の文字を借りて用を足しているが、これはあたかも、ほぞとほぞ穴がかみ合っていないかのようである。これで支障なくやっていくことが、どうしてできようか。要するに、それぞれの置かれている所に従って行なえば安泰なのであって、無理強いして同じくすべきではないのである。

有天地自然之聲、則必有天地自然之文。所以古人因聲制字、以通萬物之情、以載三才之道、而後世不

天地自然の声有れば、則《すなわ》ち必ず天地自然の文有り。所以《ゆえ》に古人、声に因《よ》りて字を制《つく》り、以《もっ》て万物の情を通じ、以て三才の道を載《の》す。而《しか》して後世に易《か》う

能易也。然四方風土區別、聲氣亦隨而異焉。蓋外國之語、有其聲而無其字。假中國之字以通其用、是猶枘鑿之鉏鋙(2)也。豈能達而無礙乎。要皆各隨所處而安、不可强之使同也。(3)

る能《あた》わず。然《しか》るに、四方の風土は区別し、声気も亦《ま》た随《したが》いて異なる。蓋《けだ》し外国の語は、其《そ》の声有りて其の字無し。中国の字を仮《か》りて以て其の用を通ずるは、是《こ》れ猶《な》お枘鑿《ぜいさく》の鉏鋙《そご》するがごときなり。豈《あ》に能《よ》く達して礙《がい》無からんや。皆各々処する所に随いて安らかなるを要し、之《これ》を強いて同じからしむべからざるなり。

（1）この文章は『訓民正音解例』の末尾に附されている。原文に表題はなく、「鄭麟趾《ていりんし》序《じょ》」は本書において便宜的に附した題である。通常、冒頭の文章は「序」といい、末尾の文章は「跋《ばつ》」という。そのような観点から見れば、この文章は「跋」とすべきであろう。しかしながら、『世宗実録』一四四六年九月甲午（二十九日）の記事に「禮曹判書鄭麟趾序曰」としてこの文章が収録されていることから、これを「鄭麟趾序」と呼ぶ。あるいは、訓民正音の冒頭を「世宗序」あるいは「御製序」と呼ぶのに対し、鄭麟趾のこの文章は本文の後ろにあるので「後序」と呼んだりする。

（2）枘鑿之鉏鋙…「枘」はほぞ、「鑿」はほぞ穴。物事がかみ合わないことを表す。『楚辞』九辯に「圜鑿《えんさく》にして方枘《ほうぜい》、吾《われ》固《もと》より其《そ》の鉏鋙《そご》して入《い》り難《がた》きを知る（圜鑿而方枘兮、吾固知其鉏鋙而難入＝丸いほぞ穴に四角いほぞ。食い違って入りにくいことが、私は初めから分かっている。）」とある。

（3）要皆各随所處而安、不可强之使同也…鄭樵《ていしょう》『六書略《りくしょりゃく》』殊文総論に「諸国の書は、同じき有り、異なる有り、各々習う所に随《したが》いて安らかなり、之《これ》を彊《し》いて同じからしむべからず。（諸國之書有同有異、各随所習而安、不可彊之使同。＝諸国の書は同じものもあれば異なるものもある。それぞれの慣習に従って行なえば安泰なのであって、無理に同じくすべきではない。）」とある。

〔53〕わが東方の朝鮮は礼楽・制度がどれも中国をまねて等しいほどであるのに、言葉は中国と同じでない。書を学ぶ者はその（漢文で書かれた）内容が理解しがたいことを悩み、獄を管理する者はその（漢文による訴状の）込み入った事情が理解しがたいことを憂える。昔、新羅《しらぎ》の薛聡《せっそう》が初めて吏読《りとう》を作り、役所も民間も今に至るまでこれを用いてきた。しかし、いずれも漢字を借りて用を足しているので、あるときは言葉に戸惑い、あるときは言葉に詰まる。学識がなく、でたらめであるばかりか、話される言葉に至っては、その一万分の一も書き表せない。

吾東方禮樂(1)文章(2)、侔擬華夏。但方言俚語(3)、不與之同。學書者患其旨趣之難曉、治獄者病其曲折之難通。昔新羅薛聰(4)、始作吏讀(5)、官府民間、至今行之。然皆假字而用、或澁(6)或窒。非但鄙陋無稽而已、至於言語之間、則不能達其萬一焉。

吾《わ》が東方、礼楽《れいがく》、文章は侔《ひと》しく華夏に擬《ぎ》す。但《た》だ方言俚語《りご》は、之《これ》と同じからず。書を学ぶ者は其《そ》の旨趣の暁《さと》り難きを患《うれ》い、獄を治むる者は其の曲折の通じ難きを病む。昔、新羅《しらぎ》の薛聡《せっそう》、始めて吏読《りとう》を作り、官府・民間、今に至るまで之《これ》を行う。然《しか》れども皆、字を仮《か》りて用い、或《あるい》は渋り或は窒《ふさ》ぐ。但だ鄙陋無稽《ひろうむけい》のみに非ず、言語の間に至りては、則《すなわ》ち其の万一にすら達する能《あた》わず。

（1）禮樂…礼節と音楽。『礼記《らいき》』楽記に「楽は天地の和なり。礼は天地の序なり。和なるが故に百物皆《みな》化し、和なるが故に群物皆別あり。（樂者天地之和也。禮者天地之序也。和故百物皆化、序故群物皆別。）」とある。礼は社会の秩序を作り、楽は人心を和ませるものとして尊重された。

（2）文章…礼楽・制度など、国の文化を形作っているもの。『論語』泰伯第八に「煥乎《かんこ》として其《そ》れ文章有り。（煥乎其有文章。＝輝かしくも堯は礼楽・制度を定めた。）」とあり、『論語集注』にはまた「文章は礼楽法度《ほうど》なり。（文章、禮樂法度也。）」とある。

（3）方言俚語…俚語とは民間で用いられている言葉、すなわち俗語を表す。方言も俚語も、ここでは朝鮮語を指すと見られる。

（4）薛聰…설총《ソルチョン》。生没年未詳。主として七世紀後半に活躍した統一新羅時代の学者。父は新羅の高僧である元暁《がんぎょう》（원효《ウォンヒョ》）である。薛聰は吏読《りとう》を作ったという説があるが、この説は正しくなく、薛聡が吏読を整理・集大成したと見るのが妥当である。

（5）吏讀…漢字を用いた朝鮮語の表記法の一つ。下級官吏の公文などでしばしば用いられたためこの名があり、「吏道」、「吏吐」などとも称される。吏読は漢文とは異なり朝鮮語の語順に従って文が綴《つづ》られるが、名詞や動詞などの実質的な部分は漢語で書かれ、助詞などの文法的な部分は漢字表記された朝鮮語（固有語）で書かれた。最も早い資料は五世紀半ば（一説に六世紀半ば）にさかのぼる（高句麗の城壁刻書）。吏読はその後、李氏朝鮮王朝に至るまで脈々と伝えられてきた。

（6）言語…口でいう言葉。書かれた言葉ではなく、話された言葉。

〔54〕一四四三年の冬、わが国王殿下は正音二十八字をお作りになり、おおまかに用例と意味を掲げてこれをお示しになり、「訓民正音」と名づけられた。象徴的な形をしていて字は

古篆をまね、音声に基づいて音は七音階にも合っている。天地人三極の意味も陰陽二気の妙味も、含まれないところがない。二十八字をもってすれば自在に変化して極まりがなく、簡潔にして要領を得ており、精密にしてすみずみまでゆきわたっている。だから、知恵ある者は朝を終えずして会得し、愚かな者でも十日で学ぶことができる。これを用いて書を読めば、その中身を知ることができる。これを用いて訴えを聞けば、その心を知ることができる。漢字音は清音と濁音が区別でき、音楽は旋律がきれいに調和する。用いて不備はなく、行って到達しないところはない。風の音、鶴の声、鶏の声、犬の鳴き声でも、みな書き取ることができるのである。

癸亥冬(1)。我
殿下(2)創制正音二十八字、略掲例義以示之、名曰訓民正音。象形而字倣古篆(3)、因聲而音叶七調(4)。三極之義、二氣之妙、莫不該括。以二十八字而轉換無窮、簡而要、精而通。故智者不終朝而會、愚者可浹旬(5)而

癸亥冬。我が殿下正音二十八字を創制し、略々《ほぼ》例義を掲げて以《もっ》て之《これ》を示し、名づけて訓民正音と曰《い》う。形を象《かたど》りて字は古篆《こてん》に倣い、声に因《よ》りて音は七調に叶《かな》う。三極の義、二気の妙、該括せざるは莫《な》し。二十八字を以てして転換窮まり無く、簡にして要、精にして通ず。故に智者は朝を終えずして会《かい》し、愚者は浹旬《しょうじゅん》にして学ぶべし。是《これ》を以て書

學。以是解書、可以知其義。以是聽訟、可以得其情。字韻則清濁之能辨、樂歌則律呂之克諧。無所用而不備、無所往而不達。雖風聲鶴唳、鷄鳴狗吠(6)、皆可得而書矣。

を解さば、以て其《そ》の義を知るべし。是を以て訟を聴かば、以て其の情を得《う》べし。字韻は則《すなわ》ち清濁之《これ》を能《よ》く弁《わ》け、楽歌は則ち律呂之《りつりょこれ》を克《よ》く諧《かな》う。用いて備わざる所無く、往《ゆ》きて達せざる所無し。風声、鶴唳《かくれい》、鶏鳴、狗吠《くはい》と雖《いえど》も、皆得て書くべし。

（1）癸亥冬…癸亥年は一四四三年（世宗二五年）の干支。『世宗実録』世宗二五年十二月の記事として「是《こ》の月、上《じょう》、親しく諺文《おんもん》二十八字を制《つく》る。（是月、上親制諺文二十八字。）」とある。

（2）殿下…元々は「宮殿の下」の意で、中華秩序において皇太子（中国皇帝の世継ぎ）や諸王に対する尊称として用いられた。李氏朝鮮は中国から冊封《さくほう》を受け、中国に対し事大の礼をとっていたため、君主は「王」を名乗り、その尊称として「殿下」を用いた。また、この「殿下」の部分は改行がなされている。この改行は国王に対し敬意を表す書式であり、「平出」と呼ばれる。

（3）古篆…篆書《てんしょ》。漢字の字体の一つで、秦代に整理された字体。現行の楷書《かいしょ》に比べ、曲線が多い。現代でも印章などによく用いられる。しかしながら訓民正音の字形について、なぜ「や」といった形に定めたのかは諸説がある。その中で、例えば姜信沆（一九八七、二〇〇七）は鄭樵《ていしょう》『六書略』中の「起一成文図」に現れる字形との関連性を指摘している。

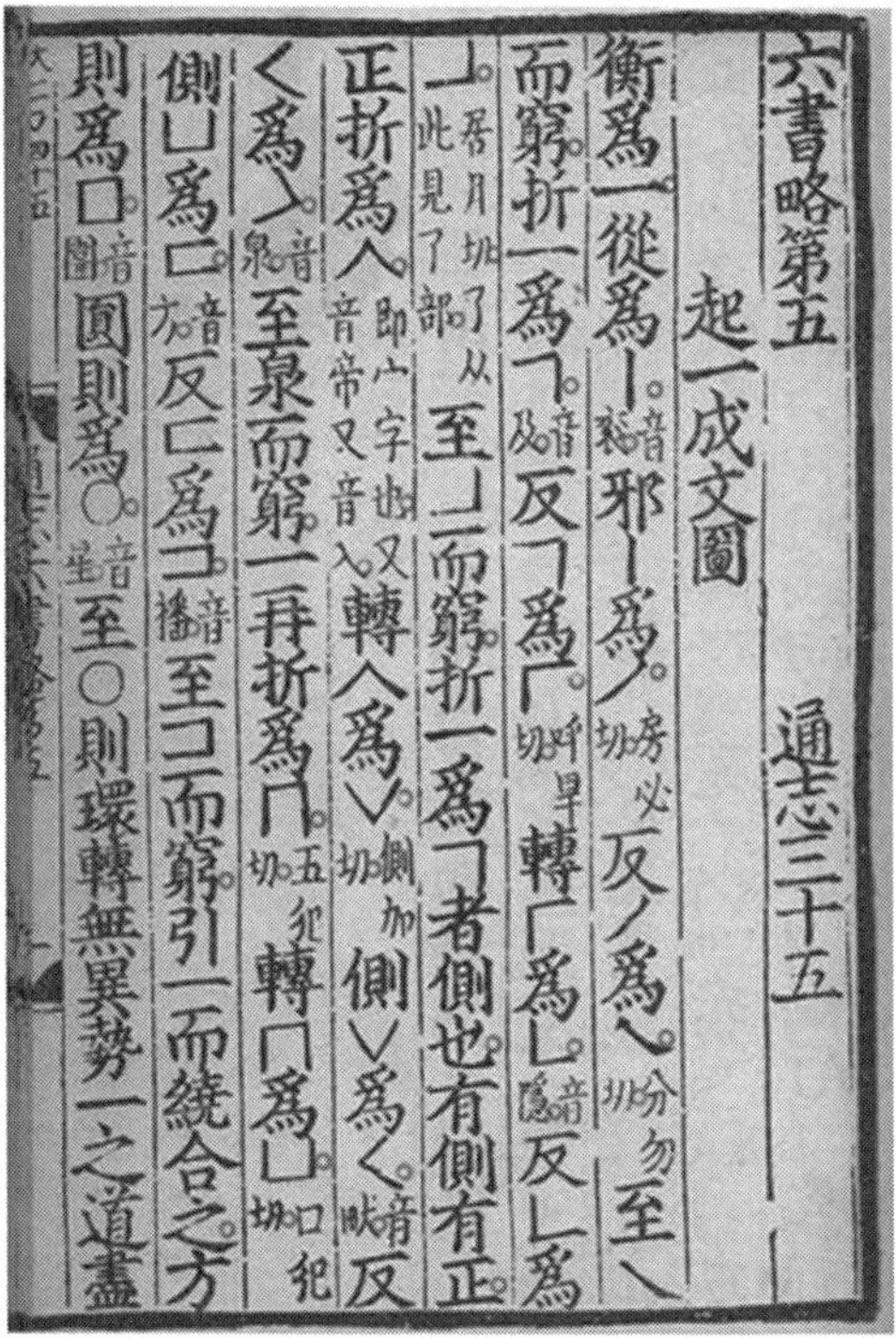
六書略第五　　通志三十五

起一成文圖

鄭樵『六書略』起一成文図

（4）七調…宮、商、角、徴《ち》、羽、半商、半徴《ち》の七種の音階。儒学では、音を知ることが政治を知ることにつながると考えられていた。言語音や楽音の調和は、すなわち政治の安泰であると考えたため、言語音と楽音の調和を『訓民正音解例』ではたびたび論じている。

（5）浹旬…十日間。「浹」は一巡りのこと。

（6）鶴唳風聲、鷄鳴狗吠…鄭樵《ていしょう》『七音略』序に「三十六を以《もっ》て之《これ》を母と為《な》せば、重軽、清濁は其《そ》の倫を失わず、天地万物の音は此《ここ》に備われり。鶴唳《かくれい》、風声、鶏鳴、狗吠《くはい》、雷霆《らいてい》天を驚かし、蚊虻《ぶんぼう》耳を過ぐると雖《いえど》も、皆訳すべきなり。況《いわ》んや人言に於《お》いてをや。（以三十六爲之母、重輕清濁、不失其倫、天地萬物之音、備於此矣。雖鶴唳風聲、鷄鳴狗吠、雷霆驚天、蚊虻過耳、皆可譯也。況於人言乎。＝三十六の子音を字母としたので、音の軽重、清濁は摂理を失わず、天地万物の音はここにすべて備わった。鶴の声、風の音、鶏の声、犬の鳴き声、雷が天に響く音、蚊《か》や虻《あぶ》が耳元を通り過ぎる音、どれもみな写し取ることができる。ましてや人の言葉は言うまでもない。）」とある。言語音を整理し体系化すれば、天地万物の音をすべて写し取れると述べている。鄭麟趾序のこの部分も同様の趣旨であって、訓民正音が擬声擬態語まで書けると主張したのではない。なお、「鶴唳」、「風聲」、「鷄鳴」、「狗吠」などの語は、天地万物の音を表す語として、他の文献にも見える語である。

〔55〕国王殿下は詳しく解釈を加えて諸々の人を諭すようにと命じられたので、わたくしは

集賢殿応教《しゅうけんでんおうきょう》の崔恒《さいこう》、副校理《ふくこうり》の朴彭年《ぼくほうねん》、申叔舟《しんしゅくしゅう》、修撰《しゅうせん》の成三問《せいさんもん》、敦寧府注簿《とんねいふちゅうぼ》の姜希顔《きょうきがん》、行《こう》集賢殿副修撰の李塏《りがい》、李善老《りぜんろう》らとともに、謹んでいろいろの解説と凡例を作り、その概略をつづった。見る者が師につかなくとも自ら悟ることができればと思う。その奥深い詳しい意味の妙味などは、わたくしどもが物を申せるようなものではない。

遂
命詳加解釋、以喩諸人。於是臣與
集賢殿(1)應教臣崔恒(2)、副校理臣朴彭
年(3)、臣申叔舟(4)、修撰臣成三問(5)、敦
寧府(6)注簿(7)臣姜希顔(8)、行(9)集賢殿副修
撰臣李塏(10)、臣李善老(11)等、謹作諸解
及例、以敍其梗概。庶使觀者不師
而自悟。若其淵源精義之妙、則非
臣等之所能發揮也。

遂に
命じて詳しく解釈を加え、以て諸人を喩《さと》さしむ。
是《ここ》に於《お》いて臣、集賢殿応教《しゅうけんでんおうきょう》、臣崔恒《さいこう》、副校理《こうり》、臣朴《ぼく》彭年《ほうねん》、臣申叔舟《しんしゅくしゅう》、修撰《しゅうせん》、臣成三問《せいさんもん》、敦寧府注簿《とんねいふちゅうぼ》、臣姜希顔《きょうきがん》、行《こう》集賢殿副修撰、臣李塏《りがい》、臣李善老《ぜんろう》らと、謹みて諸々の解及び例を作り、以《もっ》て其《そ》の梗《こう》概《がい》を叙す。庶《こいねがわ》くは観る者をして師あらずして自ら悟らしめん。其の淵源精義の妙の若《ごと》くは、則《すなわ》ち臣らの能《よ》く発揮する所に非《あら》ざるなり。

（1）集賢殿…李氏朝鮮初期に設置された学問研究のための官庁。集賢殿という官庁名は高麗

時代から見られるが、高麗末期からは官庁の統廃合などにより有名無実化し廃止されていた。それを一四二〇年（世宗二年）に世宗が人材の養成のために復活させた。官吏の職位には領殿事（正一品）、大提学（正二品）、提学（従二品）、副提学（正三品）、直提学（従三品）、直殿（正四品）、応教（従四品）、校理（正五品）、副校理（従五品）、修撰（正六品）、副修撰（従六品）、博士（正七品）、著作（正八品）、正字（正九品）があった。提学以上は名誉職の兼任官で、副提学以下が学士と呼ばれる専任官だった。専任官の定員は一〇名であったが一四三六年に二〇名に増員された。

（2）崔恒…최항《チュエハン》。一四〇九～一四七四。世宗～成宗期の文臣。本貫は朔寧《さくねい》。一四三四年に謁聖試（王が孔子廟に参拝した後に行なった科挙）に及第し、一四四四年に『古今韻会挙要』諺訳《げんやく》、一四四七年に『東国正韻《とうごくせいいん》』編纂に加わった。『竜飛御天歌《りゅうひぎょてんか》』の註解にも加わった。

（3）朴彭年…박팽년《パクペンニョン》。一四一七～一四五六。世宗～世祖期の文臣。本貫は順天。一四三四年に文科に及第し、一四四四年に『古今韻会挙要』諺訳、一四四七年に『東国正韻』編纂に加わった。『竜飛御天歌』の註解にも加わった。世祖初期に、端宗《たんそう》復位事件に加担したかどで囚われた。死六臣の一人。

（4）申叔舟…신숙주《シンスクチュ》。一四一七～一四七五。世宗～成宗期の文臣。本貫は高霊。一四三九年に文科に及第、一四四七年に『東国正韻』編纂に加わった。『竜飛御天歌』の註解にも加わった。洪武正韻訳訓編纂事業の中心人物。世祖期に入り高霊君に封ぜられ、一四六二年に領議政にまで昇った。

（5）成三問…성삼문《ソンサンムン》。一四一八〜一四五六。世宗〜世祖期の文臣。本貫は昌寧。一四三八年に文科に及第、一四四七年に『東国正韻』編纂、『竜飛御天歌』の註解に加わり、一四五五年完成の洪武正韻訳訓の編纂にも携わった。世祖初期に、端宗復位事件に加担したかどで囚われた。死六臣の一人。

（6）敦寧府…王族の親睦のための事務を行なった官庁。

（7）注簿…敦寧府の正六品の官職名。

（8）姜希顔…강희안《カンヒアン》。一四一九〜一四六三。世宗〜世祖期の文臣。本貫は晋州。一四四一年に文科に及第。敦寧府注簿として訓民正音に関わり、後に集賢殿直提学、仁寿府尹《ふいん》となる。

（9）行…品階の高い者が低い位の官職に就いた場合、官職名に「行」を冠する。これと対になる「守」については一八三ページ参照

（10）李塏…이개《イゲ》。北では리개《リゲ》。?〜一四五六。本貫は韓山。一四三六年に文科に及第、一四四四年に『古今韻会挙要』諺訳、一四四七年に『東国正韻』編纂、『竜飛御天歌』の註解に加わり、後に集賢殿直提学を歴任する。世祖初期に、端宗復位事件に加担したかどで囚われた。死六臣の一人。

（11）李善老…이선로《イソンロ》。北では리선로《リソンロ》。?〜一四五三。本貫は江興。後に賢老と改名する。一四三八年に文科に及第、一四四四年に『古今韻会挙要』諺訳、一四四七年に『東国正韻』編纂、『竜飛御天歌』の註解に加わり、後に兵曹正郎（正五品）を歴任する。

〔56〕謹んで思いまするに、わが国王殿下は生まれながらの聖人であられ、制度・施策はいかなる王をも超えていらっしゃる。訓民正音をお作りになったのも、先人の説を受けたわけではなく、ありのままの摂理に従ってできあがったものである。まさしく至極の道理のないところがなく、自分勝手な作為などないことよ。この東方、朝鮮に国ができて久しくないわけではないが、人智を開き、事を成し遂げる大いなる知恵は、今日という日を待っていたことだろう。

恭惟我
殿下、天縦之聖、制度施爲超越百王。正音之作、無所祖述、而成於自然。豈以其至理之無所不在、而非人爲之私也。夫東方有國、不爲不久、而開物成務之大智、蓋有待於今日也歟。

恭《つつし》みて惟《おも》うに我が殿下は、天縦《てんしょう》の聖にして、制度・施為は百王を超越す。正音を之《これ》作るに、祖述する所無くして、自然より成る。豈《あ》に以《もっ》て其《そ》の至理の在らざる所無くして、人為の私《わたくし》するに非《あら》ざるか。夫《そ》れ東方に国有り、久しからずと為《な》さずして、物を開き務めを成す大智は、蓋《けだ》し今日を待つこと有るかな。

（1）天縦…天がほしいままにさせる意で、生まれながらにして優れていることを表す。

（2）開物成務…人智を開き事を成し遂げる。『易経』繫辞上伝に「子曰く、夫《そ》れ易《えき》は何為《す》る者ぞや。夫《そ》れ物を開き務めを成し、天下の道を冒《おお》う。斯《か》くの如《ごと》きのみなる者なり、と。（子曰、夫易何爲者也。夫開物成務、冒天下之道。如斯而已者也。＝孔子が言うには、そもそも易は何をするものなのか。そもそも易とは人智を開き事を成し遂げるものであり、天下の理《ことわり》を覆いつくしている、そのようなものに外ならない。）」とある。

〔57〕正統十一（一四四六）年九月上旬、資憲大夫《しけんたいふ》・礼曹判書《れいそうはんしょ》・集賢殿大提学・知春秋館事《ちしゅんじゅうかんじ》・世子右賓客《せいしゆうひんかく》である臣下・鄭麟趾《ていりんし》が頭《こうべ》を深々と下げ、ぬかずいて、謹んで書す。

正統十一年(1)九月上澣。資憲大夫(2)禮
曹(3)判書集賢殿大提學知春秋館事(4)
世子右賓(5)客臣鄭麟趾(6)拜手稽首謹書

正統十一年九月上澣《じょうかん》。資憲大夫《しけんたいふ》・礼曹判書《れいそうはんしょ》・集賢殿大提学・知春秋館事《ちしゅんじゅうかんじ》・世子右賓客《せいしゆうひんかく》臣鄭麟趾《ていりんし》、拝手《はいしゅ》し稽首《けいしゅ》して謹みて書す。

（1）正統十一年…一四四六年。「正統」は明《みん》の英宗（在位一四三五～一四四九年、一四五七～一四六四年）の年号（一四三六～一四四九年）。朝鮮は中国から冊封《さくほう》を受けていたため、

中国の年号を使用していた。

（2）資憲大夫…正二品の文武官の品階名。

（3）禮曹判書…礼曹（儀礼・外交・教育を司る官庁）の長官。正二品。

（4）知春秋館事…春秋館は政治の記録を司る官庁。「知…事」はその官職。正二品。

（5）世子右賓客…世子侍講院（世子の教育を司る官庁）の官職。正二品。「世子」とは諸侯の世継ぎのこと。中華秩序においては、「(皇）太子」は中国皇帝の世継ぎを指し、王の世継ぎは「(王）世子」と言った。また、原文では「世子」の直前が一字分空白になっている。これは「闕字《けつじ》」と呼ばれるもので、この場合は世子に敬意を表するため、「世子」の直前に一字分の余白をあけてある。

（6）鄭麟趾…정인지《チョンインジ》。北では정린지《チョンリンジ》。一三九六～一四七八。世宗～成宗期の文臣。本貫は河東。一四一四年に文科に及第、司憲府監察（正六品）、礼曹佐郎（正六品）を歴任、集賢殿学士として集賢殿の諸務に携わった。礼曹判書を歴任中に集賢殿大提学を兼任し『訓民正音』の編纂に携わった。世祖期に功臣となり河東府院君に封ぜられ、領議政となる。

崔万理等諺文反対上疏文

庚子日、集賢殿副提学の崔万理《さいばんり》らが上疏《じょうそ》して言った。「私どもが謹んで思いまするに、諺文《おんもん》をお作りになったことは非常に霊妙なことであり、（世宗大王の）物を創造なさり智恵を巡らせることは、千古の昔よりはるかに抜きん出ていらっしゃいます。しかしながら、私どもの狭い所見によれば今なお疑いがありまして、あえて厳しい真心をもって謹んで以下に申し上げますので、ひれ伏してご判断を仰ぐ次第でございます。

庚子（1）。集賢殿副提學（2）崔萬理（3）等、上疏（4）曰、「臣等伏覩（5）、諺文制作、至爲神妙、創物運智（6）、夐出千古。然以臣等區區管見、尚有可疑者、敢布危懇（7）、謹疏于後、伏惟　聖裁。

庚子、集賢殿副提学崔万理《さいばんり》ら、上疏《じょうそ》して曰《いわ》く、「臣ら伏して観《み》るに諺文《おんもん》の制作、至って神妙たり、創物運智は、夐《はる》か千古を出《い》ず。然《しか》れども臣らの区々たる管見を以《もっ》てするに、尚《な》お疑うべき者有り、敢《あえ》て危懇を布《し》き、謹みて後に疏《そ》す。伏して聖裁を惟《おも》う。

（1）庚子…一四四四年（世宗二六年）二月二〇日の干支。

（2）副提學…集賢殿の正三品の官職名。『訓民正音解例』の責任者であった鄭麟趾が大提学（正二品）だったので、崔万理は鄭麟趾より二階級下だったことになる。しかしながら、提学（従二品）以上の職位は名誉職の兼任官であるため、副提学は集賢殿の専任官の最高位であり、実務の責任者の地位であった。

（3）崔萬理…최만리《チュエマンリ》。？～一四四五。本貫は海州。一四一九年に増広試（国に慶事があった際に行なわれる臨時科挙）文科の乙科に及第し、翌年集賢殿博士（正七品）に任ぜられる。以降、集賢殿に身を置き続け、一四三八年に副提学となる。訓民正音に反対するこの上疏文を提出した後は辞職し、故郷に下った。

（4）上疏…君主に文書を奉ること。あるいはその文書。

（5）伏覩…ひれ伏して見る。臣下が君主に対し書を奉げるときに用いる語。

（6）運智…智恵を巡らすこと。

（7）危懇…厳しい真心。

一、わが朝鮮は初代国王からこれまで真心を尽くして大国たる中国に仕え、ひたすら中華の制度に従ってきました。今は中華と行動を共にする時であるのに、諺文をお作りになったことに対して、驚きをもってこれを見聞きする者があります。ひょっとすると、諺文はみな古い字に基づいており、新たに創作した字ではないとおっしゃるかもしれません。しかし、字形が昔の篆文《てんぶん》を模倣しているとはいえ、音を用いて字を組み合わせるやり方は尽《ことごと》く古いものに反しており、全く根拠がありません。もし（この諺文が）中国に流出して、（正しくないと）これをそしる者がいたら、大国に仕え中華を慕うのに恥ずかしくはありませんか。

一、我朝自　祖宗以來、至誠事大(1)、一遵華制。今當同文同軌(2)之時、創作諺文、有駭觀聽。儻曰、『諺文皆本古字、非新字也。』則字形雖倣古之篆文(3)、用音合字、盡反於古、實無所據。若流中國、或有非議之者、豈不有愧於事大慕華。

一、我が朝《ちょう》、祖宗より以来、至誠に事大し、一に華制に遵《したが》う。今、同文同軌の時に当りて、諺文《おんもん》を創作するに、駭《おどろ》きて観聴する有り。儻《も》しくは曰《いわ》く、『諺文は皆、古字に本《もと》づき、新字に非《あら》ざるなり。』と。則《たと》い字形、古《いにしえ》の篆文《てんぶん》に倣うと雖《いえど》も、音を用いて字を合わすは尽く古に反す。実に拠《よ》る所無し。若《も》し中国に流れ、或《あるい》は之《これ》を非議する者有らば、豈《あ》に事大・慕華に愧《は》ずること有らざらんや。

（1）事大…大きなものに仕えること。ここでは大国である中国に仕えることを指す。
（2）同文同軌…各国の文字を統一し、車の規格を統一すること。王者が天下を統一することをいう。ここでは中国と行動を共にすることを指している。『中庸』に「今、天下、車は軌を同じくし、書は文を同じくし、行ないは倫を同じくす。（今天下、車同軌、書同文、行同倫。)」とある。

(3) 字形雖倣古之篆文…『世宗実録』一四四三年十二月の条に「是《こ》の月、上、親しく諺文二十八字を制《つく》る。其《そ》の字、古篆《こてん》に倣う。(是月、上親制諺文二十八字、其字倣古篆。)」とある。また、『訓民正音解例』の鄭麟趾序の「形を象《かたど》りて字は古篆《こてん》に倣う(象形而字倣古篆)」(一二七ページ)も参照。

一、昔から中国の各地域は風土が異なるとはいえ、方言に基づいて漢字を別途に作ったためしがありません。蒙古《もうこ》・西夏《せいか》・女真《じょしん》・日本・西蕃《せいばん》などだけはそれぞれ文字を持っていますが、これらはみな未開人の所業であり、言うに足るものではありません。古典に『中華に感化されて未開人が変わる例はあるが、未開人に感化されたという話は聞いたことがない』とあります。歴代の中国は我が国に箕子《きし》の遺風があるといい、文物や礼楽は中華になぞらえています。なのに、このたび諺文を(漢字とは)別に作り、中国を捨てて自ら未開人の列に加わろうとしています。これは、高価な蘇合香《そごうこう》を捨てて二束三文のカマキリ薬を取るようなもので、どうして文明にとっての大害でないと言えましょうか。

一、自古九州(1)之內、風土雖異、未有因方言而別爲文字者。唯蒙古(2)・西夏(3)・女眞(4)・日本・西蕃(5)之類、各有其字、是皆夷狄事耳、無足道者。傳曰、『用夏變夷、未聞變於夷者(6)也。』歷代中國皆以我國有箕子(7)遺風。文物・禮樂比擬中華。今別作諺文、捨中國而自同於夷狄(9)。是所謂棄蘇合(8)之香而取蟷螂之丸也。豈非文明之大累哉。

一、古《いにしえ》より九州の内、風土異なると雖《いえど》も、未だ方言に因《よ》りて別に文字を為《な》す者有らず。唯《た》だ蒙古《もうこ》・西夏《せいか》・女真《じょしん》・日本・西蕃《せいばん》の類《たぐい》、各々其《そ》の字有るは、是《こ》れ皆夷狄《いてき》の事のみ、道《い》うに足る者無し。伝に曰《いわ》く、『夏《か》を用いて夷《い》を変ずるも、未だ夷に変ずる者を聞かざるなり。』と。歴代の中国、皆我が国を以《もっ》て箕子《きし》の遺風有りとし、文物・礼楽は中華に比擬す。今、別に諺文《おんもん》を作り、中国を捨てて自ら夷狄に同じくす。是《こ》れ所謂《いわゆる》蘇合《そごう》の香を棄《す》てて蟷螂《とうろう》の丸《がん》を取るなり。豈《あ》に文明の大累に非《あら》ざらんや。

(1) 九州…中国の九つの地域、転じて中国全土。

(2) 蒙古…モンゴル。ウイグル文字を基にしたモンゴル文字を十三世紀ごろより用いており、元代にはチベット文字を基にしたパスパ文字を作った。

(3) 西夏…タングート族が十一世紀から十三世紀にかけて中国西北部に建国した王朝。西夏文字を制定した。

（4）女眞…ツングース系満洲族の旧称。十一世紀から十二世紀にかけて、中国北部に金王朝を建国した。この時代に女真文字を作り使用した。
（5）西蕃…チベット。インド系の文字であるチベット文字を使用する。
（6）用夏變夷、未聞變於夷者也…『孟子』滕文公《とうぶんこう》上に「吾、夏《か》を用いて夷《い》を変ずる者を聞くも、未だ夷に変ずる者を聞かざるなり（吾聞用夏變夷者、未聞變於夷者也）」とある。
（7）箕子…殷《いん》の紂王《ちゅうおう》のおじ。明知ある人物で暴虐な紂王をいさめたが聞き入れられなかったため、狂人のふりをして身を隠したという。紂王が周に倒されて殷が滅んだ後は、周から朝鮮に封じられた。いわゆる箕子朝鮮は、この伝説による。
（8）蘇合之香…ペルシャなどに産する木の樹皮からとった薬用油。ここでは高価なもののたとえ。
（9）蛣蜋之丸…蛣蜋は蟷螂に同じくカマキリ。カマキリの丸薬の意で、ここでは安いもののたとえと見られる。

一、新羅の薛聡《せっそう》の作った吏読《りとう》は卑《いや》しく田舎めいてはいるが、みな中国で通用している字を借りて助詞として用いるので、元来漢字から離れたものではありません。それゆえに、小役人・召使などに至るまで必ずこれを習おうとするならば、まず書を何冊か読み、漢字を大まかに知った後に吏読を用います。吏読を用いる者は漢字に拠《よ》って立たねばならず、そのようにしてはじめて自分の意を十分にのべ尽くすことができます。なので、吏読によって漢字を覚えた者は非常に多く、このことがまた学を興す一助になっております。かりに我が国が元々漢字を知らず、縄を結って意思疎通を図るような社会であったならば、かりそめに諺文を借りて一時の用に資するのもよいでしょう。ですが、正論を唱える者は『諺文を使用して一時しのぎをするよりは、遅々としていても中国で用いられている漢字を習って、長い計画を立てるほうがよい』と必ず言います。ましてや吏読は千年以上も用いられてきており、報告書や会計などの仕事において、その基礎を崩すようなことはありませんでした。それなのになぜ、古くから行なわれ弊害のない漢字を改め、卑しく無益な文字をお作りになるのですか。もし諺文を行なうと、役人は諺文だけを習得して学問と漢字を顧みなくなり、役人は二種に分かれます。もしかりに役人たる者が諺文だけで官職の道が開けるようなことがあれば、後進の者はそのような様子を見て『二十七《ママ》文字の諺文で立身出世できるのなら、どうして苦労して性理学を究める必要があろうか』と思うでしょう。このようになると、数十年の後には漢字を知る者は必ず少なくなり、諺文だけで役所仕事をこなすことはできても、聖賢なる漢字を知らないので何も学んでいないのに等しく、物事の道理に暗くなってしまいます。諺文に秀でたからといって、いったい何の使い道がありましょうか。我が国が積み重ねてきた文を尊ぶ気風が、地を掃くようにだんだんとなくなってゆくことを恐れております。従来の吏読は漢字から外れていないとはいえ、学識ある者はなおもこれを蔑《さげす》み、吏文《りぶん》に代えようと考えています。ところが諺文は漢字と全くもって関係がなく、俗世間の話し言葉に用いるものではありませんか。もしかりに諺文が前の王の世からあったとしても、今日の文明の政治や、魯《ろ》を変革して徳治の王道に至らせるような大義を持ちながら、なおも因循してこの悪しき諺文を引き継ごうとなさるのですか。改めようと議論する者が必ずあるのは、はっきりとしたことであり、合点のいく理屈です。古いものを嫌い新しいものを喜ぶことは、古今を問わぬ病理です。このたびのこの諺文は物珍しい一芸に過ぎません。学問において害があり、政治において益がなく、繰り返し考えてみましても、その何をよしとするのか、いまだに見つけることができずにおります。

一、新羅薛聰吏讀(1)、雖爲鄙俚(2)、然皆借中國通行之字、施於語助(3)、與文字元不相離、故雖至胥吏僕隷(4)之徒、必欲習之、先讀數書、粗知文字、然後乃用吏讀。用吏讀者、須

一、新羅の薛聰《せっそう》の吏《り》読《とう》は鄙《ひ》俚《り》たりと雖《いえど》も、然《しか》れども皆中国通行の字を借りて、語助に施し、文字と元々相《あ》い離れず。故に胥吏《しょり》・僕隷《ぼくれい》の徒に至ると雖《いえど》も、必ず之《これ》を習わんと欲《ほっ》さば、先《ま》ず数書を読み、粗《ほ》ぼ文字を知りて、然《しか》る後に乃《すなわ》ち吏読を用いる。

憑文字、乃能達意。故因吏讀而知文字者頗多、亦興學之一助也。若我國元不知文字、如結繩之世(5)、則姑借諺文、以資一時之用猶可、而執正議者、必曰『與其行諺文以姑息、不若寧遲緩而習中國通行之文字、以爲久長之計也。』而況吏讀行之數千年、而簿書(6)期會(7)等事、無有防礎者。何用改舊行無弊之文、別創鄙諺無益之字乎。若行諺文、則爲吏者專習諺文、不顧學問文字、吏員岐而爲二。苟爲吏者以諺文而宦達(8)、則後進皆見其如此也、以爲『二十七字諺文(9)足以立身於世、何須苦心勞思、窮性理之學哉。』如此則數十年之後、知文字者必少、

吏読を用いる者は須《すべか》らく文字に憑《よ》り、乃ち能《よ》く意を達す。故に吏読に因《よ》りて文字を知る者は頗《すこぶ》る多く、亦《ま》た興学の一助なり。若《も》し我が国、元々文字を知らず、結縄《けつじょう》の世の如《ごと》きなれば、則《すなわ》ち姑《しばら》く諺文《おんもん》を借りて、以《もっ》て一時の用に資するも猶《な》お可なれども、正議を執る者は必ず曰《いわ》く、『其《そ》れ諺文を行いて姑息を以てするよりは、寧《むし》ろ遅緩なれども中国通行の文字を習い、以て久長の計を為《な》すに若《し》かざるなり。』と。而《しか》も況《いわ》んや吏読、之《これ》を行うこと数千年にして、簿書・期会等の事、礎を防ぐる者、有ること無し。何の用にか旧行無弊の文を改め、別に鄙諺《ひげん》無益の字を創《つく》らんや。若《も》し諺文を行わば、則《すなわ》ち吏たる者は専《もっぱ》ら諺文を習い、学問・文字を顧みず、吏員は岐《わか》れて二と為らん。苟《いやし》くも吏たる者、諺文を以てして宦達《かんたつ》すれば、則《すなわ》ち後進、皆其《そ》の此《か》くの如きを見るや、以為《おもえ》らく『二十七字の諺文、

雖能以諺文而施於吏事、不知聖賢之文字、則不學墻面(10)、昧於事理之是非、徒工於諺文、將何用哉。我國家積累右文(11)之化、恐漸至掃地(12)矣。前此吏讀雖不外於文字、有識者尚且鄙之、思欲以吏文(13)易之。而況諺文與文字暫不干涉、專用委巷俚語(14)者乎。借使諺文自前朝有之、以今日文明之治・變魯至道(15)之意、尚肯因循(16)而襲之乎。必有更張(17)之議者、此灼然可知之理也。厭舊喜新、古今通患。今此諺文不過新奇一藝耳於學有損於治無益反覆籌之未見其可也。

以て身を世に立つるに足らば、何ぞ須《すべか》らく苦心労思し、性理の学を窮《きわ》むべきや。』と。此《か》くの如《ごと》かれば則ち数十年の後、文字を知る者は必ず少なく、能《よ》く諺文を以てして吏事に施すと雖も、聖賢の文字を知らずんば、則ち不学墻面《しょうめん》なりて、事理の是非に昧《くら》し。徒《いたずら》に諺文に工《こう》なるは、将《はた》何ぞ用いんや。我が国家、積累右文《ゆうぶん》の化の漸《ようや》く掃地するに至るを恐る。此《これ》に前《さきだ》つ吏読は、文字を外れざると雖も、識有る者は尚《な》お且《か》つ之《これ》を鄙《いやし》み、思いて吏文を以て之《これ》に易《か》えんと欲す。而《しか》るに、況《いわ》んや諺文は文字と暫《しばら》く干渉せず、専ら委巷《いこう》の俚語《りご》に用いる者をや。借使《たと》い諺文、前朝より之《こ》れ有るとも、今日の文明の治、変魯《へんろ》至道の意を以てすら、尚お因循を肯《がえん》じて之《これ》を襲《かさ》ぬるや。必ず更張の議有るは、此《こ》れ灼然《しゃくぜん》として可知の理なり。旧《ふる》きを厭《いと》い新しきを喜ぶは古今の通患なり。今、此《こ》の諺文、新奇の一芸に過

ぎざるのみ。学に於《おい》て損有り、治に於て益無く、
反覆して之《これ》を籌《はか》れども、未《いま》だ其の可を見ざるなり。

(1) 新羅薛聰吏讀…一二六ページの「薛聰」および「吏讀」の注を参照のこと。
(2) 鄙俚…風俗などがいやしく、ひなびていること。下品なこと。
(3) 語助…「於、哉」など、文法的な意味を表す文字。虚字。助詞。吏読が朝鮮語の助詞などの部分を表記するために用いられるため、このように言っている。
(4) 胥吏僕隷…「胥吏」は小役人、下級役人。「僕隷」はしもべ、召使。
(5) 結繩之世…太古の昔に文字がなかったころは、縄の結び方によって意思伝達を図ったという。『易経』繫辞下伝に「上古は縄を結んで治まれり。後世の聖人、之《これ》に易《か》うるに書契を以《もっ》てし、百官以て治め、万民以て察《あきら》かなり。(上古結繩而治。後世聖人易之以書契、百官以治、萬民以察。)」とある。
(6) 簿書…役所などでの報告書や公文書。
(7) 期會…一年の会計。
(8) 宦達…官吏として立身すること。
(9) 二十七字諺文…二十八字の誤りか。あるいは、「ㆆ」を除いた二十七字とする説もある。
(10) 墻面…「土壁に向かって立つ」の意で、先が見えないたとえ。あるいは無学なことのたと

え。

(11)右文…学問を尊重すること。

(12)掃地…地を掃くようにすっかりなくなること。

(13)吏文…官庁の公文書や中国との外交文書などで用いられた独特な文体の漢文。漢文を土台としつつ、口語の漢語や独特な語彙などが用いられた。

(14)委巷俚語…俗世間の言葉。「委巷」は曲がりくねった町、むさくるしい町のこと。

(15)變魯至道…国家を理想的な王道政治の国に変革すること。『論語』雍也《ようや》第六に「斉《せい》、一変すれば魯《ろ》に至らん。魯、一変すれば道に至らん。(齊、一變至於魯。魯、一變至於道。)」とある。孔子は、斉を武力による覇道第一の国、魯を徳治による王道を目指す国とし、覇道を第一とする斉が態度を改めれば徳のある魯のようになることができ、また当の魯も更なる変革があれば真の理想国家になれると説いた。

(16)因循…古いしきたりに囚われて改めないこと。

(17)更張…これまで緩んでいたことを改めて緊縮し直すこと。

一、あるいは『刑罰の判決書などで吏読や漢字を用いて書くと、文章の筋道が分からない愚かな民は一文字の違いでひょっとすると濡れぎぬを着せられることになるかもしれない。しかし、諺文でその人の言葉をそのまま書き、それを読んで聞かせれば、大ばか者であっても尽《ことごと》く容易に内容を知ることができ、屈辱を抱く者がなくなる』と言います。しかしながら、昔から中国は話し言葉と書き言葉（文字）が同じですが、訴訟の中に冤罪《えんざい》は非常に多うございます。我が国のことで申し上げますと、獄につながれた者のうち吏読の読める者が調書を自ら読み、濡れぎぬであることが分かっても、むち打ちに耐えられず屈服する者が多くあります。これは調書の文意が分からなくて濡れぎぬを着せられたのでないことは明白でございます。もしそうならば、諺文を用いるからといって、何が変わりましょうか。刑獄の公平・不公平は獄吏がどうであるかにあるのであって、言葉と文字が同じか同じでないかにあるものではありません。諺文をもってして判決書を公平にしようとすることに、私どもはその何をよしとするのか、いまだに分からずにおります。

一、若曰『如刑殺獄辭(1)、以吏讀文字書之、則不知文理之愚民、一字之差、容或致冤。今以諺文直書其言、讀使聽之、則雖至愚之人、悉皆易曉而無抱(2)屈者。』然自古中國、

一、若《も》しくは曰《い》う、『如《も》し刑殺の獄辭、吏讀《りとう》・文字を以《もっ》て之《これ》を書かば、則《すなわ》ち文理を知らざるの愚民、一字の差、容《まさ》に或《あるい》は冤《えん》を致すべし。今、諺文《おんもん》を以て其《そ》の言を直書し、読みて之《これ》を聴かしめば、則ち至愚の人と雖《いえど》も悉《ことごと》く皆易《やす》く暁《さと》りて屈を抱く者無

言與文同、獄訟(3)之間、冤枉(4)甚多。借以我國言之、獄囚之解吏讀者、親讀招辭(5)、知其誣(6)而不勝棰楚(7)、多有枉服(8)者。是非不知招辭之文意而被冤也、明矣。若然則雖用諺文何異於此。是知刑獄之平不平、在於獄吏之如何、而不在於言與文之同不同也。欲以諺文而平獄辭、臣等未見其可也。

し。』と。然《しか》れども古《いにしえ》より中国は言と文と同じかれども、獄訟の間に冤枉《えんおう》甚《はなは》だ多し。借りに我が国を以て之《これ》を言わば、獄囚の吏読を解する者、親しく招辞を読み、其の誣《ふ》を知れども棰楚《すいそ》に勝《た》えず、多く枉服《おうふく》する者有り。是《こ》れ招辞の文意を知らずして冤《えん》せらるるに非《あら》ざるや明らかなり。若《も》し然《しか》らば則ち、諺文を用いると雖も、何ぞ此《こ》れに異ならんや。是《こ》れ刑獄の平・不平は、獄吏の如何《いかん》に在り、言と文との同・不同に在らざるを知るなり。諺文を以てして獄辞を平《たいらか》にせんと欲するは、臣ら未だ其の可を見ざるなり。

(1) 獄辭…裁判の判決書。
(2) 抱屈…恨み、不平不満を抱くこと。屈辱を受けること。
(3) 獄訟…訴訟。獄は罪を争うこと、訟は財を争うこと。
(4) 冤枉…濡れぎぬ。冤罪。

（5）招辭…李朝時代に、罪人が犯罪の事実を陳述すること。また、そのような調書。
（6）誣…無実の人を罪に陥れること。
（7）棰楚…むち打つこと。
（8）枉服…身を曲げて屈すること。

一、何事も功績を立てるのに早まって行なうことをよしとしませんが、我が国の近ごろの措置はどれも急いで完成させようと務めており、政治の体裁をなしていないのではないかと恐れます。もし諺文《おんもん》をやむにやまれぬ事情で作ったのだとすると、これは風俗を大きく変えるものですから、上は宰相にはじまり下は百官に至るまで議を重ねてしかるべきでございます。国中の人がよいと申しても、なおも十分に説明を尽くし、三たび更に考え直し、これを帝王の説に照らし合わせて食い違いがないか、これを中国にうかがいを立てて恥じるところがないか、後々の世に聖人が現れても迷いがないか、それらをよく考えた後に行なうべきでしょう。このたび、多くの人の議論を広く取り入れることをせず、にわか仕込みで小役人を十数人集めて習わせ、その上、先人の作った韻書を軽々しく改めて荒唐無稽《むけい》な諺文をこじつけで当てはめ、工匠数十人を集めて印刷し、慌ててそれを世の中に広めようとなさっています。

これを後世の公論はどう思うでありましょうか。さらに、このたび清州は椒水里《しょうすいり》への行幸《ぎょうこう》で、今年が凶作であることをとりわけご心配なさり、付き従う諸事もつとめて簡略になさり、前の日に比べ十のうち八か九ほどにを減らし、上奏・公務に至っても議政府に委ねられました。しかしながら、この諺文はというと、国家が危急でやむを得ず期日に間に合わせて行なわねばならない仕事でないにもかかわらず、なにゆえ行在所《あんざいしょ》におられても汲々《きゅうきゅう》とこれをなさり、お体を調《ととの》えるべき時に煩わしいことをなさるのですか。その何をよしとするのか、私どもは全くもっていまだにそれが分かりません。

一、凡立事功、不貴近速、國家比來(1)措置、皆務速成、恐非爲治之體。儻曰諺文不得已而爲之、此變易風俗之大者。當謀及宰相下至百僚。國人皆曰可、猶先甲先庚(2)、更加三思、質諸帝王而不悖、考諸中國而無愧、百世以俟聖人而不惑、然後乃可行也。今、不博採群議、驟令

一、凡《およ》そ事功を立つるに近速を貴ばざるに、国家比来の措置、皆速成に務め、治の体を為《な》すに非《あら》ざるを恐る。儻《も》し諺文《おんもん》、已《や》むを得ずして之《これ》を為すと曰《い》わば、此《こ》れ風俗を変易《へんえき》するの大なる者なり。当《まさ》に謀《はか》ること宰相に及びて、下は百僚に至るべし。国人皆可《みなか》と曰《い》えども、猶《な》お先甲先庚《せんこうせんこう》し、更に三思を加え、諸《これ》を帝王に質《ただ》して悖《もと》らず、諸《これ》を中国に考して愧《はじ》無く、百世に以《もっ》て聖人を俟《ま》ちて惑わず、然《しか》

吏輩十餘人訓習、又輕改古人已成之韻書、附會無稽之(3)諺文、聚工匠數十人刻之、劇欲廣布其於天下。後世公議何如。且今清州椒水之幸、特慮(4)年歉、(5)扈從諸事、務從簡約、比之前日十減八九、至於(6)啓達公務、亦委政府。若夫諺文非國家(7)緩急不得已及期之事、何獨於行在而汲汲爲之、以煩(8)聖躬(9)調燮之時乎。臣等尤未見其可也。

る後に乃《すなわ》ち行うべきなり。今、博《ひろ》く群議を採らず、驟《にわか》に吏輩十余人をして訓習せしめ、又《ま》た軽く古人已《すで》に成すの韻書を改めて、無稽《むけい》の諺文を附会し、工匠数十人を聚《あつ》めて之《これ》を刻ませ、劇《いそ》ぎて其《それ》を天下に広布せんと欲す。後世の公議、何如《いか》ならん。且《か》つ今、清州椒水《しょうすい》の幸《こう》、特に年の歉《けん》するを慮《おも》い、扈《こ》従《じゅう》の諸事は務めて簡約に従い、之《これ》を前日に比べ十に八・九を減じ、啓達・公務に至りても亦《ま》た政府に委《ゆだ》ぬ。若《も》し夫《そ》れ諺文、国家緩急にして已《や》むを得ず期に及ぶの事に非ずんば、何ぞ独り行在《あんざい》に於《お》いて汲々《きゅうきゅう》として之《これ》を為し、以て聖躬《せいきゅう》調燮《ちょうしょう》の時を煩わさんや。臣ら、尤《もっと》も未だ其《そ》の可を見ざるなり。

（1）比來…近ごろ。

（2）先甲先庚…令を発したり改めたりする前には、事前に民に対し丁寧に説明すること。『易経』蠱《こ》卦《か》に「甲に先だつこと三日、甲に後《おく》るること三日（先甲三日、後甲三日）」とあり、また『易経』巽卦《そんか》に「庚《こう》に先だつこと三日、庚に後《おく》るること三日（先庚三日、後庚三日）」とある。前者は令を新たに作ったら、その前後に民に対し丁寧に説明すべきことを言い、後者は令を改める場合には、その前後に民に対し丁寧に説明すべきことを言う。

（3）輕改古人已成之韻書、附會無稽之諺文…中国の韻書である『古今韻会挙要《ここんいんかいきょよう》』にハングルで注音する作業のことを指す。『世宗実録』一四四四年二月十六日の記事に、「諺文を以て韻会を訳す（以諺文譯韻會）」とある。

（4）歉…作物が実らず凶作になる。

（5）扈從…王の乗り物のお供をする。あるいはその人。

（6）啓達…上奏する。申し上げる。

（7）緩急…急で差し迫っていること。この場合の「緩」は、実質的な意味を持たない。

（8）聖躬…王のお体。玉体。

（9）調燮…調《ととの》え和らげる。

一、昔の儒者は『数々の遊びは（学問への）志を奪う。書き物などは儒者には最も身近なものであるが、それだけをひたすら好むのもまた志を失う。』と言いました。今や王子は徳が成就なさったとはいえ、まだなお聖学に専念なさり、至らぬところを求めなくてはなりません。諺文が有益であるとはいっても、それは文士の六芸の一つに過ぎません。ましてや世を治める道にとって一利すらないのだから、詳しく調べて思いをめぐらして日々を過ごすことは、全くもって時敏の学にとって損失であります。私どもはみな文筆のつまらぬ技をもって侍従の役目を務めさせていただいておりますが、心に思うところがあり、黙っていることができません。謹んで心中を吐露いたし、王の聡明さをけがします。」

一、先儒云、『凡百玩好皆奪志。至於書札、於儒者事最近。然一向好着、亦自喪志(1)。』今、東宮(2)雖徳性成就、猶當潛(3)心聖學益求其末至也。諺文縱曰有益、特文士六藝(4)之一耳。況萬萬無一利於治道而乃研精費思、竟日移時、實有損於時敏之學也。臣等俱以文墨末技、待罪(5)侍從、心有所懷、不敢含默。謹罄肺腑、仰瀆聖聰。」

一、先儒に云《い》う、『凡百の玩好《がんこう》は皆、志を奪う。書札に至りては儒者の事に於《お》いて最も近し。然《しか》れども一向に好着するも亦《ま》た自ら志を喪《うしな》う。』と。今、東宮は徳性、成就せりと雖《いえど》も、猶《な》お当《まさ》に聖学に潜心して益々《ますます》其《そ》の末だ至らざるを求むべきなり。諺《おん》文《もん》、縦《たと》い益有りと曰《い》えども、特《た》だ文士六芸の一のみ。況《いわ》んや万々《ばんばん》治道に一利無くして、乃《すなわ》ち精を研《と》ぎ思いを費し、日を竟《お》え時を移すは、実に時敏の学に損有るなり。臣ら、倶《とも》に文墨の末技を以《もっ》て侍従に待罪するも、心に懐く所有りて、敢《あえ》て含黙せず。謹みて肺腑を罄《つ》くし、仰ぎて聖聡を瀆《けが》す。」
と。

（1）凡百玩好皆奪志。至於書札、於儒者事最近。然一向好着、亦自喪志。…『小学』嘉言第五の語。「玩好」は遊び好むこと。また、その品物。「書札」は書き物、書きつけ、手紙の類。「一向好着」はひたすら好むこと。

（2）東宮…太子の居する宮。また、皇太子。ここでは朝鮮について言っているので、王世子を指す。東方は易卦では震に当たるが、震が長男を表すことから、東宮を太子の宮とするという。

（3）潜心…専心する。そのことに没頭する。

（4）六藝…士が学ぶべき六種の技芸。礼（礼節）、楽（音楽）、射（弓術）、御（馬術）、書（読書）、数（計算）のこと。

（5）待罪…臣下がその職にあることを謙遜して言う語。

王が上疏文《じょうそぶん》をご覧になり、崔万理《さいばんり》らにおっしゃった。「おまえたちは『音を用いて字を組み合わせるやり方は尽《ことごと》く古いものに反している』と言ったが、薛聡《せっそう》の吏読《りとう》もまた（漢字の本来の字音と）音が異なるではないか。また、吏読を作った真意は、民を便利にさせるためではなかったのか。もしそれが民を便利にさせるためであったならば、このたびの諺文《おんもん》もまた民を便利にさせるものではないのか。おまえたちは薛聡のことは是認するのに、おまえたちの君主のすることを非難する理由は何か。また、おまえは韻書を知っているのか。四声《しせい》に七音《しちおん》、それに字母はいくつあるか。もし私がその韻書を正さないのならば、いったい誰《だれ》がこれを正すのか。また、上疏文には『物珍しい一芸』とある。私は老いて日々を過ごすのが難しく、書籍を友として過ごしているだけである。どうして古いものを疎んじ新しいものを好んでこれを作ったというのか。狩りや鷹《たか》狩りの例でもないのに、おまえたちの言葉は極めて過ぎている。また、私は年老いて、国家の庶務は王子に任せているが、些細な事であっても本来ならば加わって決定すべきである。諺文の場合も当然そうである。もし王子を東宮に閉じ込めるのであれば、宦官《かんがん》がその仕事を引き受けるのか。おまえたちは侍従の臣下であり、私の心をよく知っているにもかかわらず、このようなことを言ってよいと思うか。」

上覽疏、謂萬理等曰、「汝等云、用音合字、盡反於古。薛聰吏讀、亦非異音乎。且吏讀制作之本意、

上、疏《そ》を覧《み》て、万理《ばんり》らに謂《い》いて曰《いわ》く「汝《なんじ》ら音を用いて字を合わすは尽《ことごと》く古《いにしえ》に反すと云《い》えり。薛聡《せっそう》の吏読《りとう》も亦《ま》た音を異にするに非《あら》ざるや。且《か》つ吏読

無乃爲其便民乎。如其便民也、則今之諺文亦不爲便民乎。汝等以薛聰爲是而非其君上之事何哉。且汝知韻書乎。四聲七音、字母有幾乎。若非予正其韻書、則伊誰正之乎。且疏云、新奇一藝。予老來難以消(1)日、以書籍爲友耳。豈厭舊好新而爲之。且非田獵放鷹之例也、汝等之言頗有過越。且予年老、國家庶務世子專掌。雖細事固當參決、況諺文乎。若使世子常在東宮、則宦官任事乎。汝等以侍從之臣灼知予意而有是言可乎。」

制作の本意は、乃《すなわ》ち其《そ》れ民を便ならしめんと為《な》す無きや。如《も》し其れ民を便ならしめんや、則《すなわ》ち今の諺文《おんもん》も亦た民を便ならしめんと為さざらんや。汝ら薛聡を以《もっ》て是《ぜ》と為せども、其の君上の事を非《ひ》とするは何ぞや。且《か》つ汝は韻書を知るや。四声《しせい》・七《しち》音《おん》、字母は幾《いく》らか有らんや。若《も》し予、其の韻書を正すに非ずんば、則ち伊《こ》れ誰《たれ》か之《これ》を正さんや。且つ疏に新奇の一芸と云えり。予、老い来りて以て消日《しょうじつ》し難《がた》く、書籍を以て友と為すのみ。豈《あ》に旧《ふる》きを厭《いと》い新しきを好みて之《これ》を為さんや。且つ田《でん》猟《ろう》・放鷹《ほうよう》の例に非ずんば、汝らの言、頗《すこぶ》る過越有り。且つ予、年老いて、国家の庶務は世子、専掌す。細事と雖《いえど》も固《もと》より当《まさ》に参決すべし。況《いわ》んや諺文をや。若《も》し世子をして常に東宮に在《あ》らしめば、則ち宦官《かんがん》、事を任ずるや。汝ら侍従の臣を以て、灼《あきら》かに予の意を知れども、是《こ》の言有るは可なりや。」と。

（1）消日…一日一日を過ごす。

崔万理らが答えて言った。「薛聡《せつそう》の吏読《りとう》は（漢字本来の字音と）音が異なるとはいえ、漢字の音・訓に依拠しているので、吏読の助詞を表す字と漢字は元来別々のものではありません。ところがこの諺文《おんもん》は、いくつもの字を組み合わせて並べて書きますが、音・訓も変えてしまい、字の形状を成しておりません。また、『物珍しい一芸』と申したのは単に筆が走ってしまってこのような言葉になっただけであり、他意があるものではございません。東宮は公の仕事であれば些細な事であっても参加し裁決なさらねばなりませんが、急ぎでもない仕事に、なにゆえ一日中思案をお巡らしになるのですか。」

萬理等對曰、「薛聰吏讀雖曰異音、然依音依釋、語助文字元不相離。今此諺文、合諸字而竝書、變其音

万理《ばんり》ら対《こた》えて曰《いわ》く、「薛聡《せつそう》の吏読《りとう》、音を異にすと曰《い》うと雖《いえど》も、然《しか》れども音《おん》に依《よ》り釈《しゃく》に依りて、語助・文字は元より相《あ》い離れず。今、此《こ》の諺文《おんもん》、諸

釋而非字形也。且新奇一藝云者、特因文勢而爲此辭耳、非有意而然也。東宮於公事、則雖細事不可不參決、若於不急之事、何竟日致慮乎。」

字を合せて並書するは、其《そ》の音・釈を変えて字形に非《あら》ざるなり。且《か》つ新奇の一芸と云《い》えるは、特《た》だ文勢に因《よ》りて此の辞を為《な》せるのみ。意有るに非《あら》ざりて然《しか》るなり。東宮は公事に於《おい》ては則《すなわ》ち細事と雖《いえど》も参決せざるべからず。若《も》し不急の事に於て何ぞ日を竟《お》えて慮を致すや。」と。

王がおっしゃった。「先だって金汶《きんぶん》は『諺文《おんもん》を作ることは悪くありません。』と言っていたのに、今は逆に宜しくないと言う。またさらに、鄭昌孫《ていしょうそん》は『三綱行実《さんこうこうじつ》を頒布《はんぷ》した後に、忠臣・孝子・烈女の輩出が見られません。人がよい行ないをするかしないかはその資質の如何《いかん》にあるのであって、諺文で書き表したからといって人がそれに倣って行ないを正すとでもおっしゃるのですか。』と言った。これらの発言は、道理を知る儒者の言といえようか。全くもって無用の俗儒である。」

上曰、「前此金汶(1)啓曰、『制作諺文

上曰《いわ》く、「此《これ》に前《さきだ》ちて、金汶《きんぶん》、啓《もう》して曰く、『諺文《おんもん》

未爲不可。』今反以爲不可。又鄭昌孫(2)曰、『頒布三綱行實(3)之後、未見有忠臣孝子烈女輩出。人之行不行、只在人之資質如何耳、何必以諺文譯之而後人皆效之。』此等之言、豈儒者識理之言乎甚無用之俗儒也。」

を制作するに未だ不可を為《な》さず。』と。今、反《かえ》って以《もっ》て不可と為す。又《ま》た鄭昌孫《ていしょうそん》曰く、『三綱行実《さんこうこうじつ》を頒布《はんぷ》せるの後、未だ忠臣・孝子・烈女有りて輩出するを見ず。人の行《こう》・不行《ふこう》は只《た》だ人の資質の如何《いかん》に在《あ》るのみ、何ぞ必ず諺文を以て之《これ》を訳して後に人、皆、之《これ》に効《なら》わんや。』と。此《これ》らの言、豈《あ》に儒者、理を識《し》るの言ならんや。甚《はなは》だ無用の俗儒なり。」と。

（1）金汶…김문《キムムン》。?～一四四八。世宗期の文臣。本貫は彦陽《げんよう》。一四二〇年に文科に及第し、成《せい》均館《きんかん》（儒学の教育を司る官庁）に配属された。一四三五年に集賢殿修撰《しゅうせん》に選ばれる。経書に精通し、死後の一四五五年に原従《げんじゅう》功臣に追録された。

（2）鄭昌孫…정창손《チョンチャンソン》。一四〇二～一四八七。世宗から世祖にかけての文臣。本貫は東萊《とうらい》。一四二六年に文科に及第、集賢殿著作郎に赴任した。王室の仏教崇拝に反対し投獄されたが、端宗《たんそう》復位の企てを告発し、世祖の厚い信任を得て領議政となり、一四七一年に佐理《さり》功臣二等を与えられた。尹妃《いんひ》の廃位に関わり、死後にその責を問われ、十二奸《かん》とされた。

（3）頒布三綱行實…三綱行実は『三綱行実図』のこと。中国と朝鮮の古今の忠臣、孝子、烈女に関する短い説話をそれぞれ三十五編ずつ集め、絵入りで説いた本。人倫について民衆を教化する書籍として、王命により出版された。ここでは一四三四年に出版された漢文版の『三綱行実図』のことを言っている。ハングルが作られた後は朝鮮語訳された『三綱行実図諺解《げんかい》』が広く流布する。

これに先立って、王が鄭昌孫《ていしょうそん》にこう諭しておっしゃった。「私がもし諺文《おんもん》を用いて三綱行実《さんこうこうじつ》を訳し、これを民間に分け与えれば、無学な男も女もみな容易に理解できるから、忠臣・孝子・烈女が必ず現れるであろう。」そして鄭昌孫はこの言葉を受けて先の上奏を行ない、それゆえにこのたびのこのお言葉があるのである。王がさらにまたこう諭しておっしゃった。「私がおまえたちを召し集めたのは、決して罪をとがめようとしたのではなく、上疏《じょうそ》文の中の一語二語を問いただすつもりだけだった。だが、お前たちが道理を顧みず、言葉を変えて返答をした。よってお前たちは罪から逃れがたい。」そして、副提学の崔万理《さいばんり》、直提学の辛碩《しんせき》祖《そ》、直殿の金汶《きんぶん》、応教の鄭昌孫《ていしょうそん》、副校理の河緯地《かいち》、副修撰《しゅうせん》の宋処倹《そうしょけん》、著作郎の趙瑾《ちょうきん》を義《ぎ》禁府《きんふ》に下し、翌日に釈放が命じられた。ただ鄭昌孫だけは罷免《ひめん》させられ、「金汶が前に後ろに言葉をコロコロと変えて上奏した理由を問いただし、それを報告せよ。」との王の勅旨を義禁府に伝えた。

前此　上教昌孫曰、「予若以諺文譯三綱行實、頒諸民間、則愚夫愚婦皆得易曉、忠臣・孝子・烈女必輩出矣。」昌孫乃以此啓達、故今有是敎。上又敎曰、「予召汝等、初非罪之也。但問疏内一二語耳、汝等不顧事理、變辭以對。汝等之罪、難以脱矣。」遂下副提學崔萬理、直提學辛碩祖(1)、直殿金汶、應敎鄭昌孫、副校理河緯地(2)、副修撰宋處儉(3)、著作郎趙瑾(4)于義禁府(5)、翌日命釋之。唯罷昌孫職、仍傳旨義禁府、「金汶前後變辭啓達事由(6)、其鞫(7)以

此《これ》に前《さきだ》ちて、上、昌孫《しやうそん》に教えて曰《いわ》く、「予、若《も》し諺《おん》文《もん》を以《もっ》て三綱行実《さんこうこうじつ》を訳し、諸《これ》を民間に頒《わか》てば、則《すなわ》ち愚夫・愚婦は皆、易《やす》く暁《さと》るを得て、忠臣・孝子・烈女、必ずや輩出せん。」と。昌孫乃《すなわ》ち此を以て啓達し、故に今、是《こ》の教え有り。上、又《ま》た教えて曰く、「予、汝《なんじ》らを召すこと、初めより之《これ》を罪するに非《あら》ざるなり。但《た》だ疏内《そない》の一・二語を問うのみなれども、汝ら事理を顧みず、辞を変え以て対《こた》う。汝らの罪、以て脱し難《がた》し。」と。遂に副提学崔万理《さいばんり》、直提学辛碩祖《しんせきそ》、直殿金汶《きんぶん》、応教鄭昌孫《ていしやうそん》、副校理河緯地《かいち》、副修撰宋処倹《しゆうせんそうしよけん》、著作郎趙瑾《ちようきん》を義禁府に下し、翌日命じて之《これ》を釈《ゆる》す。唯《た》だ昌孫の職を罷《や》み、仍《かさね》て義禁府に伝旨するに、「金汶、前後

聞。」

に辞を変え啓達せる事由、其《そ》れ鞫《ただ》し、以て聞《ぶん》せよ。」と。

（1）辛碩祖…신석조《シンソクチョ》。一四〇七～一四五九。世宗～世祖期の文臣。本貫は霊山。一四二六年に司馬試（生員・進士を選ぶ科挙）に及第し、集賢殿の著作郎、直提学、副提学などを歴任した。『世宗実録』の撰集《せんじゅう》に関わり、また『医方類聚《いほうるいじゅ》』や『経国大典《けいこくたいてん》』の編纂にも関与した。

（2）河緯地…하위지《ハウイジ》。一四一二～一四五六。世宗～世祖期の文臣。本貫は晋州。一四三八年に文科に首席で及第し、集賢殿の副修撰に任命され、後に副提学、礼曹判書《れいそうはんしょ》を歴任した。世祖初期に、端宗復位事件に加担したかどで囚われた。死六臣の一人。

（3）宋處儉…송처검《ソンチョゴム》。?～一四五九?。李朝初期の文臣。本貫は清州。一四三四年に文科に及第し、大司成（儒学の教育を司る官庁である成均館の長官）を歴任した。一四五九年に朝鮮通信使の正使として訪日するも、帰路で海難事故に遭い行方不明となる。

（4）趙瑾…조근《チョグン》。一四一七～一四七五。李朝初期の文臣。本貫は楊州《ようしゅう》。一四三八年に進士となり、一四四一年に文科に及第、承文院《しょうぶんいん》（外交文書を担当する官庁）副正字（従九品）になる。文に長《た》け、楷書《かいしょ》をよく書き、外交文書などの作成に功労が大きかった。

（5）義禁府…王命により重罪人を尋問する役目を負った官庁。

（6）傳旨……勅旨を伝える。
（7）鞫……罪状を調べる。

東国正韻序

万物生成の天地の気が盛んに起こり、大いなる変化があまねく行き渡って人が生まれ、陰陽が互いに触れ合い、気の働きが激しくなって音声が生じる。音声が生じれば七音はおのずから備わる。七音が備われば四声もまた備わる。七音・四声は縦糸と横糸のように互いに交わり、清濁・軽重・深浅・疾徐《しつじょ》（速さと遅さ）といったものが自然と生じる。それゆえに伏羲《ふっき》が八卦を描き、蒼頡《そうけつ》が漢字を作ったのも、同様にいずれもそのような自然の摂理に基づいて、万物の事情に通じていたからである。

天地絪縕(1)、大化(2)流行而人生焉。陰陽相軋、氣機(3)交激而聲生焉。聲既生而七音(4)自具。七音具而四聲(5)亦備。七音四聲經緯(6)相交而清濁・輕重・深淺・疾徐生於自然矣。是故包犧(7)畫卦、蒼頡(8)制字、亦皆因其自然之理、以通萬物之情。

天地絪縕《いんうん》とし、大化流行して、人生まる。陰陽相《あ》い軋《きし》り、気機交々《こもごも》激して、声生ず。声既に生じて七音自《おのず》から具《そな》わる。七音具わりて四声も亦《ま》た備わる。七音・四声は経緯相《あ》い交わりて、清濁・軽重・深浅・疾徐、自然より生ず。是《こ》の故に包犧《ほうぎ》卦《か》を画《えが》き、蒼頡《そうけつ》字を制《つく》るも、亦た皆其《そ》の自然の理に因《よ》りて、以《もっ》て万物の情に通ず。

（1）絪縕…天地の元気（万物生成の根源となる気）、あるいはその元気の盛んなさま。『易経』

繫辞下伝に「天地絪縕《いんうん》として万物化醇《かじゅん》す。(天地絪縕、萬物化醇。=天地の気がもつれ合って、変化して万物ができあがった。)」とある。
(2)大化…大いなる変化。
(3)氣機…気の働き、気の作用。
(4)七音…牙音、舌音、唇音、歯音、喉音、半舌音、半歯音の七種類の音。
(5)四聲…平声、上声、去声、入声の四種類の声調。
(6)經緯相交…経は縦糸、緯は横糸。縦糸と横糸が交わって織物ができるように、七音と四声が交わって言語音ができることを譬《たと》えている。
(7)包犧…伏羲《ふっき》のこと。中国の伝説上の帝王で、民に牧畜・漁撈《ぎょろう》を教え、八卦を書いて文字を教えたとされる。
(8)蒼頡…中国の伝説上の人物で、鳥の足跡を見て初めて漢字を作ったとされる。

沈約《しんやく》・陸法言《りくほうげん》のときに至り、似たものを分類し、声母と韻母を整理して、声母と韻母の説明がはじめて行なわれた。韻書を作る者は相次いで世に出たが、その論文や議論は多くなりすぎ、諸説入り乱れ、誤りもまた多くなった。そこで、司馬光《しばこう》がこれを図にし、邵雍《しょうよう》がこれを数として明らかにし、不明な点を探り、奥深くまで探って諸説を統一した。しかしながら諸地方の音はそれぞれ異なり、どれが誤りどれが正しいかの見極めは、入り乱れていて紛らわしい。そもそも、字音に異同があるのではなく人に異同があるのであり、また人に異同があるのではなく地方に異同があるのである。おそらく、地勢が異なることで気候風土が異なり、気候風土が異なるから人の呼吸法が異なるのであろう。東方・南方の歯音・唇音、西方・北方の頬音・喉音がそれである。結局、同一の文字や規格を使って、互いに通じてはいるが、言語音は同じでない。

及至沈(1)陸(2)諸子、彙分類集、諧聲協韻而聲韻之説始興。作者相繼各出、機(3)杼論議既衆、舛誤亦多。於是温公(4)著之於圖、康節(5)明之於數、探賾(6)鉤(7)深、以一諸説。然其五方之音各異、邪正之辨紛紜(8)。夫音非有異同、人有異同。人非有異同、方有異同。蓋以地勢別而風氣殊、風氣殊而呼吸異。東南之齒唇、西北之頬喉是

沈《しん》・陸の諸子に至るに及びて、彙《い》分《ぶん》・類集し、声を諧《かな》え韻を協《かな》えて声韻の説、始めて興る。作者相《あ》い継ぎて各々出《い》ずるも、機杼《きちょ》・論議は既に衆《おお》く、舛誤《せんご》も亦《ま》た多し。是《ここ》に於《おい》て温公、之《これ》を図に著《あら》わし、康節、之を数に明らかにし、賾《さく》を探り深を鉤《さぐ》り、以《もっ》て諸説を一《いっ》にす。然《しか》れども其《そ》れ五方の音は各々異なり、邪正の弁は紛紜《ふんうん》す。夫《そ》れ音に異同有るに非《あら》ず、人に異同有り、人に異同有るに非ず、方に異同有り。蓋《けだ》し地勢を以て別れて風気殊《こと》なり、風

気殊なりて呼吸異ならん。東南の歯唇、西北の頬喉是《これ》のみ。遂に文軌を使いて通ずと雖ども、声音は同じからず。

已。遂使文軌雖通、聲音不同焉。

（1）沈陸…沈は沈約《しんやく》（四四一～五一三）のこと。六朝梁の人で『四声譜《しせいふ》』を編んだ。陸は陸法《りくほう》言《げん》のこと。隋の人で『切韻《せついん》』を編んだ。いずれも音韻学者。

（2）聲韻…声は声母（音節頭子音）、韻は韻母（声母以外の部分、すなわち母音、音節末子音、声調）のこと。

（3）機杼…機織り。また、機織り仕事から転じて文章を工夫して作ること。

（4）温公…司馬光《しばこう》（一〇一九～一〇八六）のこと。北宋の儒学者で、『資治通鑑《しじつがん》』を編んだ。ここでいう「図」とは「切韻指掌図」を指すが、これが本当に司馬光の作かどうかは定かでない。

（5）康節…邵雍《しょうよう》（一〇一一～一〇七七）のこと。北宋の儒学者で、『皇極経世書《こうきょくけいせいしょ》』を著した。易学に通じ、数により万物の現象を説明しようと試みた。

（6）探賾…明らかでないものを探り求める。

（7）鉤深…深いところまで探る。

（8）紛紜…入り乱れているさま。

ましてや、わが朝鮮の場合、表裏の山河が一つの区画をなしており、気候風土がそもそも中国と異なっているので、呼吸法が中国語音と合致するはずあるまい。そうであれば、言葉の発音が中国と異なるのも、当たり前のことである。漢字の字音などは、おおかた中国の字音と合致しているかのようではある。しかし、呼吸が巡る間合いであるとか、音の軽重や開閉のしくみも、またおのずと言葉の発音の影響を受ける場合がある。これが、漢字音も同様にそのようなことによって変化してしまった理由である。字音が変化してしまったとはいえ、清濁・四声《しせい》は昔のまま残っている。

矧吾東方、表裏山河自爲一區、風氣已殊於中國。呼吸、豈與華音相合歟。然則語音之所以與中國異者、理之然也。至於文字之音、則宜若與華音相合矣。然其呼吸旋轉之間、輕重翕闢之機、亦必有自牽於語音

矧《いわ》んや吾《わ》が東方、表裏の山河、自ら一区を為《な》し、風気已《すで》に中国に殊《こと》なる。呼吸豈《あ》に華音と相《あ》い合うか。然《しか》して則《すなわ》ち語音の中国と異なる所以《ゆえん》は、理の然《しか》るなり。文字の音に至りては、則ち宜《ほと》んど華音と相い合うが若し。然れども其《そ》の呼吸旋転の間、軽重・翕闢《きゅうへき》の機も、亦《ま》た必ず自ら語音に牽《ひ》かるる

者。此其字音之所以亦随而變也。
其音雖變、清濁・四聲則猶古也。

者有り。此《こ》れ其《そ》の字音の亦た随いて変ずる所以《ゆえん》なり。其の音、変ずると雖《いえど》も、清濁・四声は則ち猶《な》お古《いにしえ》のごときなり。

それなのに、これまでは書を著して何が正しいかを伝えることもなかった。凡庸な師匠や俗世間の儒者は字音の分析方法を知らず、声母・韻母の要所に疎いため、字体の似たものを同じ音と見なしたり、先帝の忌み名を避けて他の音を借りたり、二字を合わせて一つにしたり、一音を二つに分けたり、他の字を借用したり、点や画を加えたり省いたりしたり、あるときは中国音に基づきあるときは朝鮮音に基づくなどして、字母・七音・清濁・四声がみな変わってしまっている。

而曾無著書以傳其正、庸師・俗儒不知切字之法(1)、昧於紐躡(2)之要、或因字體相似而爲一音、或因前代避諱(3)而假他音、或合二字爲一、或分

而《しか》るに曾《かつ》て書を著し以《もっ》て其《そ》の正を伝うる無し。庸師・俗儒は切字の法を知らず、紐躡《ちゅうじょう》の要に昧《くら》く、或《あるい》は字体の相《あ》い似たるに因《よ》りて一音と為し、或は前代の避諱《ひき》に因りて他音を仮《か》り、或は二字を合せ

一音爲二、或借用他字、或加減點畫、或依漢音(4)、或從俚語(5)、而字母・七音・清濁・四聲、皆有變焉。

て一と為し、或は一音を分ちて二と為し、或は他字を借用し、或は点画を加減し、或は漢音に依《よ》り、或は俚語に従い、而《しか》して字母・七音・清濁・四声、皆変有り。

(1) 切字之法…反切法により字音を求めること。例えば、「徳」から声母（頭子音）[t]を切り出し、「紅」から韻母（頭子音以外の部分）[uŋ]を切り出し、両者を合わせて「東」の音[tuŋ]を求める方法。

(2) 紐躡…「紐《ちゅう》」は声母のこと。「躡《じょう》」は「摂」に同じく韻母を指す。

(3) 避諱…君主の本名と同じ字の使用を避けること。同義の他の字を用いたり、字画を省いたりした。「諱《き》」とは「忌み名」で、生前の本名のこと。

(4) 漢音…中国音。

(5) 俚語…俗世間の卑俗な言葉の意であるが、ここでは「漢音」（中国音）に対し朝鮮音を指しているものと思われる。

例えば、牙音について言えば、「ㅋ」音（[kʰ]）の字はその大半が「ㄱ」音（[k]）に入っている。これは字母が変わったものである。「ㅋ」音（[kʰ]）の字は、ある場合には「ㅎ」音（[h]）に入っている。これは七音が変わったものである。わが国の言葉の発音は、その清濁の違いは中国と異なるところがないが、漢字音においては濁音だけがない。果たしてそのようなことがあろうか。これは清濁が変わったものである。朝鮮語の発音は四声が明瞭であるのに、漢字音は上声と去声の区別がない。「質」、「勿《ぶつ》」などの韻は「ㄷ」音（[t]）を終声とすべきであるのに、世間では来母（[l]）を用いる。来母の声はゆるやかで入声にふさわしくない。これは四声が変わったものである。端母を来母で発音するのは、終声に限ったことではない。「次第」の「第」、「牡丹」の「丹」など、初声が変化したものもまた多い。朝鮮語では渓母（[kʰ]）が多く用いられているのに、漢字音では「쾌」の一音だけである。これは非常におかしなことである。

若以牙音言之、溪母之字、太半入於見母（1）。此字母之變也。溪母之字、或入於曉母（2）。此七音之變也。我國語音、其清濁之辨、與中國無異而

若《も》し牙音《がおん》を以《もっ》て之《これ》を言わば、渓母《けいぼ》の字、太半は見《けん》母《ぼ》に入る。此《こ》れ字母の変なり。渓母の字、或《あるい》は暁《ぎょう》母《ぼ》に入る。此れ七音の変なり。我が国の語音、其《そ》の清濁の弁は中国と異なること無けれども、字音

於字音獨無濁聲(3)。豈有此理。此清濁之變也。語音則四聲甚明、字音則上去無別(4)。質勿諸韻、宜以端母爲終聲而俗用來母。其聲徐緩、不宜入聲。此四聲之變也。端之爲來、不唯終聲。如次第之第(5)、牡丹之丹(6)之類、初聲之變者、亦衆。國語多用溪母而字音則獨夬之一音而已。此尤可笑者也。

に於《おい》て独り濁声無し。豈《あ》に此の理有らんや。此れ清濁の変なり。語音は則《すなわ》ち四声甚だ明からなれども、字音は則ち上・去に別無し。質・勿《ぶつ》の諸韻は宜《よろ》しく端母《たんぼ》を以て終声と為《な》すべかれども、俗に来《らい》母《ぼ》を用いる。其の声徐緩にして、入声に宜しからず。此れ四声の変なり。端の来と為すは、唯《た》だに終声のみならず。次第の第、牡《ぼ》丹《たん》の丹の類《たぐい》の如《ごと》き初声の変は、亦《ま》た衆《おお》し。国語に多く渓母を用いれども、字音は則ち独り夬《かい》の一音のみ。此れ尤《もっと》も笑うべき者なり。

(1) 溪母之字、太半入於見母…「溪母」は牙音の次清音で、ここでは朝鮮語音の「ㅋ」を指す。「見母」は牙音の全清音。ここでは朝鮮語音の「ㄱ」を指す。中国中古音の渓母は朝鮮語の「ㅋ」に対応する音である。従って、声母が渓母の漢字音は朝鮮漢字音において「ㅋ」で現れてしかるべきであるが、実際には「쾌」(「快」など)の一音を除いて、ことごとく「ㄱ」で現れる。

（2）溪母之字、或入於曉母…「曉母」は牙音の全清音で、喉音《こうおん》の全清音。ここでは朝鮮語音の「ㅎ」を指す。例えば、「詰（힐）」、「確（확）」などは本来溪母なので、朝鮮漢字音では「ㅋ」で現れてしかるべきであるが、実際の朝鮮漢字音では「ㅎ」で現れる。

（3）我國語音、其清濁之辨、與中國無異而於字音獨無濁聲…ここでの「濁聲」は濃音を指すと見られる。濃音は朝鮮語音としては存在していたが、濃音を持つ漢字音は当時の朝鮮語になかった。現代朝鮮語には「끽」（喫）、「쌍」（双など）、「씨」（氏）の三種の漢字音があるが、これらはいずれも本来平音だったものが、現代語に至る過程で濃音化したものである。

（4）字音則上去無別…朝鮮漢字音では、上声と去声の混同が甚だしく、本来上声の字音が去声（高調）で現れたり、逆に本来去声の字音が上声（低高調）で現れたりした。伊藤智ゆき（二〇〇七：二四七）の調査によれば、十五〜十六世紀の文献において、上声字一〇二四字のうちの八〇二字（七八・三二％）が、また去声字一二九四字のうちの一〇一五字（七八・四四％）が、それぞれ上声（低高調）で現れたという。

（5）次第之第…現代語では「차례」という変化した音に合わせて、「次例」という別の漢字を当てている。

（6）牡丹之丹…「牡丹」の本来の音は「목단」であるが、通常は「모란」と発音される。

このようなことによって、字画が間違って「魚」と「魯」の区別がつかなくなり、声音は乱れて正誤がいっしょくたになり、（韻図において）横は四声の軸が失われ、縦は七音の軸が乱れ、横軸と縦軸が交じり合わず、音の軽重は順序が入れ替わって、声韻の変化が極まってしまった。世に儒者・師匠の中には、それらが失われていることに気づき、個人的に自分でそれを直して子弟に教えている者も、時としてある。だが、思った通りに直すことをはばかり、昔のままのものに従って改めない者が多い。もし一度大いにこれを正さなければ、日を追ってますますひどくなり、救うことのできない弊害が出るであろう。

由是字畫訛而魚魯混眞、聲音亂而涇(1)渭同流、横失四聲之經、縱亂七音之緯、經緯不交、輕重易序而聲韻之變極矣。世之爲儒師者、往往或知其失、私自改之、以教子弟。然重於擅改、因循舊習者多矣。若不一大正之、則愈久愈甚、將有不

是《これ》に由《よ》りて字画訛《あやま》りて魚・魯、真を混ぜ、声音乱れて涇《けい》・渭《い》同流し、横に四声の経を失い、縦に七音の緯を乱し、経緯は交わらず、軽重は序を易《か》えて声韻の変極まれり。世の儒師たる者は往々にして或《あるい》は其《そ》の失を知り、私《ひそか》に自ら之《これ》を改め、以《もっ》て子弟を教う。然《しか》れども改むるを擅《ほしいまま》にするを重んじ、旧習を因循する者多し。若《も》し一たび大いに之を正

可救之弊矣。

さずんば、則《すなわ》ち愈々《いよいよ》久しければ愈々甚だしく、将《まさ》に救うべからざるの弊有るべし。

（1）涇渭…「涇」も「渭」も、ともに陝西省の川の名。涇水は濁り、渭水は澄んでおり、清濁や善悪などの区別に譬《たと》えられる。

そもそも、むかし詩を作るときは、音をそろえるだけであった。詩経の頃から漢・魏・晋・唐と時代が下っても、諸家は一つの決まりにこだわったことなどなかった。例えば、東韻と冬韻をいっしょにしたり、江韻と陽韻をいっしょにしたりするなどといった具合である。韻が異なるからといって互いに通じ合わないわけではないのである。またさらに、字母というものは、声母を整理したものに他ならない。舌頭音と舌上音、重唇音と軽唇音、歯頭音と正歯音などは、わが国の漢字音では区分ができないが、これもあるがままに基づくべきであって、必ずしも中国音の三十六字母にこだわる必要はない。

蓋古之爲詩也、協其音而已。自三

蓋《けだ》し古《いにしえ》の詩を為すや、其《そ》の音を協《かな》うるのみ。三百

百篇(1)而降漢魏晉唐、諸家亦未嘗拘於一律。如東之與冬、江之與陽(2)之類。豈可以韻別而相不通協(3)哉。且字母(4)之作、諸於聲耳。如舌頭、舌上、重唇、輕唇、齒頭、正齒之類、於我國字音未可分解、亦當因其自然、何必泥於三十六字(5)乎。

篇より漢・魏《ぎ》・晋・唐に降《くだ》るまで、諸家も亦《ま》た未だ嘗《かつ》て一律に拘《こだ》わらず。東の冬に与《くみ》し、江の陽に与《くみ》するの類《たぐい》の如《ごと》し。豈《あ》に以《もっ》て韻別れて相《あ》い通協《つうきょう》せざるべきや。且《か》つ字母を之《こ》れ作るは、声を諧《ととの》うるのみ。舌頭・舌上、重唇・軽唇、歯頭・正歯の類の如きは、我が国の字音に於《おい》て未だ分解すべからず、亦た当《まさ》に其《そ》の自然に因《よ》るべくして、何ぞ必ず三十六字に泥《なず》まんや。

（1）三百篇…詩経のこと。詩経が三百十一編から成るため、この名がある。

（2）東之與冬、江之與陽…中古音では東韻と冬韻、江韻と陽韻はそれぞれ別個の韻であったが、時代が下ると東韻と冬韻が合流して一つの韻に、江韻と陽韻が合流して一つの韻になった。

（3）通協…漢字の本来の音を別の音で発音することにより、他の漢字の音と韻をそろえること。互いに異なる発音の漢字を同一の音で発音することにより、同じ音としてあい通じ合わせること。

（4）字母…声母（音節頭子音）の種類を表す漢字。三九ページ参照。
（5）三十六字…中国中古音は三十六種類の字母が区分されていた。これに対し、『東国正韻』では二十三種の字母が区分されている。

謹んで思いまするに、わが国王殿下は儒教を尊び道理を重要に思い、文を重視して教化を興し、善の極致を行なっておられ、政治のさまざまな重要な仕事の合間にも、このようなことを心配していらっしゃる。それで殿下は、わたくし叔舟、および守集賢殿直提学の崔恒、守直集賢殿の成三問、朴彭年、守集賢殿校理の李塏《りがい》、守吏曹正郎の姜希顔《きょうきがん》、守兵曹正郎の李賢《りけん》老《ろう》、守承文院校理の曹変安《そうへんあん》、承文院副校理の金曾《きんそう》に対し、俗習をまんべんなく採取し、典籍を広く考証し、字音を広く用いられている音に基づき、また古い韻書の反切に照らし合わせ、字母・七音・清濁・四声について、その根源や委細を尽《ことごと》く研究し、それをもって字音を正しい音に戻すように命じられた。しかし、わたくしどもの才能や知識は浅く、学問は了見が狭いがため、王命を謹んで受けてもいまだ成し遂げられず、常に殿下のご指導の手を煩わせてきた。

恭惟我（二字擡頭）主上殿下(1)、崇儒重道、右文興化、無所不用其極、萬機(2)之暇、慨念及此。爰（一字擡頭）命臣叔舟、及守(3)集賢殿(4)直提學臣崔恒、守直集賢殿臣成三問、臣朴彭年、守集賢殿校理臣李塏、守吏曹(5)正郎(6)臣姜希顏、守兵曹(7)正郎臣李賢老(8)、守承文院(9)校理臣曹變安、承文院副校理臣金曾、旁採俗習、博考傳籍、本諸廣用之音、協之古韻之切、字母・七音・清濁・四聲、靡不究其源委、以復乎正。臣等才識淺短、學問孤陋(10)、奉承未達、每煩（一字擡頭）指顧(11)。

恭《つつし》みて惟《おも》うに我が主上殿下、儒を崇《あが》め道を重んじ、文を右《たす》け化《か》を興し、其《そ》の極を用いざる所無く、万機の暇《いとま》に概念此《これ》に及ぶ。爰《ここ》に臣叔舟《しゅくしゅう》、及び守集賢殿直提学臣崔恒《さいこう》、守直集賢殿臣成三問《せいさんもん》、臣朴彭《ぼくほう》年《ねん》、守集賢殿校理臣李塏《りがい》、守吏曹正郎臣姜希顔《きょうきがん》、守兵曹正郎臣李賢老《りけんろう》、守承文院校理臣曹変安《そうへんあん》、承文院副校理臣金曾《きんそう》に命じて旁《あまね》く俗習を採り、博《ひろ》く伝籍を考え、諸《これ》を広用の音に本づき、之《これ》を古韻の切に協《かな》え、字母・七音・清濁・四声、其の源委を究めざる靡《な》く、以《もっ》て正しきに復さしむ。臣らの才識浅短にして、学問孤陋《ころう》にして、奉承して未だ達せず、毎《つね》に指顧を煩わす。

（1）主上殿下…「主上」とは君主のこと。「殿下」の尊称については、一二八ページを参照。

（2）萬機…君主の政治におけるさまざまな重要なことがら。
（3）守…本来の品階よりも高い位の官職に就いているときに、官職名に「守」を冠する。「行」の対となる概念。「行」については一三三ページ参照。
（4）直集賢殿…直殿のこと。集賢殿の正四品の官職名。
（5）吏曹…官吏に関する事務を司る官庁。
（6）正郎…吏曹などの官庁の正五品の官職名。
（7）兵曹…兵務を司る官庁。
（8）李賢老…이《イ》현《ヒョン》로《ロ》。北では리《リ》현《ヒョン》로《ロ》。李善老の改名後の名。一三三ページ「李善老」の注を参照。
（9）承文院…外交文書を担当する官庁。
（10）孤陋…君世間からかけ離れていて見聞が狭い。
（11）指顧…指を差し顧みる。指導し見直す。

そのようにして、古人が定めた韻と字母に基づいて、一つに合わせるべきものは合わせ、分けるべきものは分けた。一つ一つの分類や一つ一つの声母・韻母の決定はみな王の決断を仰ぎ、またそれぞれには考証の根拠がある。そこで四声をもって整理し、九十一韻・二十三字母を定め、王のお作りになった訓民正音で漢字の音を表示し、さらには質・勿のような入声の韻は影母（ㆆ）をもって来母（ㄹ）を補うというように、俗音を基本に正したので、古くから続いてきた誤りはここに至って尽く改まった。

乃因古人編韻定母、可併者併之、可分者分之。一併一分、一聲一韻、皆稟（二字擡頭）宸斷(1)而亦各有考據。於是調以四聲、定爲九十一韻二十三母、以（二字擡頭）御製訓民正音定其音、又於質勿諸韻、以影補來(2)、因俗歸正、舊習譌謬、至是而悉革矣。

乃《すなわ》ち古人韻を編み母を定むるに因《よ》りて、併《あわ》すべき者は之《これ》を併せ、分かつべき者は之を分かてり。一併一分、一声一韻は皆宸断《しんだん》を稟《う》けて亦《ま》た各々考拠有り。是《ここ》に於《おい》て調ぶるに四声を以《もっ》てし、定めて九十一韻・二十三母と為《な》し、御製訓民正音を以て其《そ》の音を定め、又た質・勿《ぶつ》の諸韻に於《おい》ては影《えい》を以て来《らい》を補い、俗に因りて正に帰し、旧習の譌謬《かびゅう》は是《ここ》に至りて悉《ことごと》く革《あらた》まれり。

（1）宸斷…君主の決断。

（2）以影補來…入声のうち、中国音で[-t]に終わるものは、朝鮮漢字音では「ㄹ」（[-l]）に終わる。しかし、「ㄹ」は閉鎖音でないため、厳密には「入声」と呼ぶに相応しくない。

そこで、『東国正韻』の編纂者は、「ㄹ」に声門閉鎖音「ㆆ」（[-ʔ]）を添えて「ㅭ」（[-lʔ]）という、いわば現実の漢字音と、あるべき入声の閉鎖性との折衷的な人工音を考案した。しかしながら、漢字音の音節末音「ㄹ」の扱いについては当時の学者の間でも議論があったらしく、『訓民正音解例』では朝鮮漢字音においても中国音と同様に「ㄷ」（[-t]）と発音すべきであると主張している。八八―八九ページ参照。

書が完成し『東国正韻』という名を下賜なさった。そして、わたくし叔舟に序を書くよう命じられた。わたくし叔舟がひそかに思うに、人は天地の気を受けることなくして生まれることはないのだから、人の音声も気から生まれたものである。音声の清濁は陰陽に類するものであり、天地の摂理にのっとるものである。四声は万物の生成変化の一端であるので、四季の遷り変わりのようなものである。天地の摂理が乱れれば、陰陽がその位置を変え、四季の遷り変わりが乱れれば、万物の生成変化の秩序が崩れる。声韻の霊妙さは何ともすばらしいものだ。それは陰陽の奥深さであり、森羅万象の生成変化の働きといえようか。

書成、（一字擡頭）賜名曰東國正韻。　　書成りて、名を賜りて『東国正韻』と曰《い》う。仍《すなわ》ち

仍（一字擡頭）命臣叔舟爲序。臣叔舟竊惟、人之生也、莫不受天地之氣而聲音生於氣者也。清濁者陰陽之類而天地之道也。四聲者造化(1)之端而四時(2)之運也。天地之道亂而陰陽易其位、四時之運紊而造化失其序。至哉、聲韻之妙也。其陰陽之闔奥(3)、造化之機緘(4)乎。

臣叔舟に命じて序を為さしむ。臣叔舟、窃《ひそ》かに惟《おも》うに、人の生るるや、天地の気を受けざるは莫《な》くして、声音、気より生まるる者なり。清濁は陰陽の類《たぐい》にして、天地の道なり。四声は造化の端にして四時《しいじ》の運なり。天地の道乱れて、陰陽其《そ》の位を易《か》え、四時の運紊《みだ》れて、造化其の序を失う。至れるかな、声韻の妙や。其れ陰陽の闔奥《こんおう》、造化の機《き》緘《かん》か。

（1）造化…万物、森羅万象の生成変化。
（2）四時…四季。
（3）闔奥…学問や技芸の奥深い意義。奥義。
（4）機緘…物事の発生と変化の働き。

ましてや文字がまだなかったころには、聖人の道は天地にあったが、文字ができてからは聖人の道はさまざまな書物に記載された。聖人の道を究めようとするならば、文字の意味を優先しなければならず、文字の意味を知ろうとするならば声韻を拠り所にしなければならない。つまり、声韻は道を学ぶ第一歩なのである。従って、どうしてやすやすと成し得ることができようか。我が国王が声韻のことを心に留め、古今の事がらを配慮し手を加えて、このような字音の指針を作ることで、長い年月にわたる多くの愚か者を悟らせたわけはここにある。

況乎書契(1)未作、聖人之道寓於天地、書契既作、聖人之道載諸方策(2)。欲究聖人之道、當先文義、欲知文義之要、當自聲韻。聲韻乃學道之權輿(3)也。而亦豈易能哉。此我（二字擡頭）聖上所以留心聲韻、斟酌古今、作爲指南、以開億載之羣蒙者也。

況《いわん》や書契未だ作《な》らずんば、聖人の道、天地に寓《ぐう》し、書契既に作りては、聖人の道、諸々の方策に載《の》る。聖人の道を究めんと欲すれば、当《まさ》に文義を先んずべし。文義の要を知らんと欲すれば、当に声韻に自《よ》るべし。声韻は乃《すなわ》ち道を学ぶの権輿《けんよ》なり。而《しか》して亦《ま》た豈《あ》に易《やす》く能《よ》くせんや。此《こ》れ我が聖上、声韻に留心し、古今を斟酌し、作りて指南を為《な》し、以《もっ》て億載の群蒙《ぐんもう》を開きし所以《ゆえん》の者なり。

（1）書契…太古の文字。『易経』繋辞下伝に「上古は縄を結んで治まれり。後世の聖人、之《これ》に易《か》うるに書契を以《もっ》てし、百官以て治め、万民以て察《あきら》かなり。（上古結縄而治。後世聖人易之以書契、百官以治、萬民以察。）」とある。

（2）方策…記録、書物。方は木の板、策は竹の札。

（3）権輿…物事の始め。はかりの製作は権（おもり）から始め、車の製作は輿（車台）から始めることから。

昔の人は韻書を著し、韻図を描き、音和・類隔・正切・回切といった方法を非常に詳しく説明したが、学ぶ者はそれでもなお（正しい字音が分からずに）言葉を濁したり、口ごもったりせざるをえず、字音をきちんと整理して把握することが難しい。だが、訓民正音が作られることにより、太古の昔から一つの音であったものは、わずかのぶれもなくなった。訓民正音は実に字音を正しく伝える主軸である。清濁が区別されて天地の道理が安定し、四声が正されて四季の遷り変わりが正しくなった。もし万一、万物の生成変化をすべて包み込み、天地の隅々まで知りつくし、霊妙な道理が奥深い真理の門に通じ、変幻自在の働きが大自然の音に通じることがなかったら、どうしてここまで来ることができたであろうか。清濁は巡り、字母は遷り変わり、七均から十二律、八十四調と音階が調和するのは、音声や音楽の正しさと同じく、大いなる陰陽の調和の現れなのである。

古人著書作圖、音和・類隔・正切・回切(1)、其法甚詳而學者尚不免含糊(2)・囁嚅(3)、昧於調協(4)。自正音作而萬古一聲、毫釐不差。實傳音之樞紐(5)也。清濁分而天地之道定、四聲正而四時之運順。苟非彌綸(6)造化、轇轕宇宙(7)、妙義契於玄關(8)、神幾(9)通于天籟(10)、安能至此乎。清濁旋轉、字母相推、七均而十二律而八十四調(11)、可與聲樂之正、同其太和矣。

古人書を著し図を作り、音和・類隔・正切・回切、其《そ》の法、甚だ詳《つまび》らかなれども、学ぶ者は尚《な》お含《がん》糊《こ》・囁嚅《しょうじゅ》を免かれず、調協《ちょうきょう》に昧《くら》し。正音の作に自《よ》りて万古の一声は毫釐《ごうり》も差《たが》わず。実に音を伝うるの枢紐《すうちゅう》なり。清濁分れて天地の道、定まり、四声正しくして四時《しいじ》の運、順なり。苟《いやし》くも造化を弥《び》綸《りん》し、宇宙を轇轕《こうかつ》し、妙義、玄関に契し、神幾、天《てん》籟《らい》に通ずるに非《あら》ずして、安《いずく》んぞ能《よ》く此《ここ》に至らんや。清濁旋転し、字母相《あ》ひ推《うつ》り、七均にして十二律にして八十四調、声楽の正と其の太和を同じくすべし。

（1）音和・類隔・正切・回切…いずれも漢字の音を表示する方法である反切法についての用語。「音和」は音を表示する側と音を表示される側の間で、音の種類が一致すること。例えば、「東」は「徳紅切」と表示されるが、表示される「東」の音節頭子音は［t］、表示する「徳」の音節頭子音も［t］と、両者の音の種類が一致する。「類隔」は逆に表示する側と表示される側の音の種類が一致しないこと。例えば、『広韻』では「卑」が「府移切」と表示されているが、表示される「卑」の音節頭子音は［p］、表示する「府」の音節頭子音は［f］と、両者の音の種類が一致しない。「正切」、「回切」については明らかでない。

（2）含糊…言葉や態度が不明瞭ではっきりしないさま。

（3）囁嚅…ものを言いかけて口ごもるさま。

（4）調協…ととのえ調和させる。

（5）樞紐…かなめ。肝要な所。「樞」は扉を開閉する際の軸のこと。

（6）彌綸…あまねく包み込む。あまねくおさめる。

（7）轇轕宇宙…「轇轕」は、入り乱れるさま、後になり先になりするさま、駆けるさま、広く深遠なさまなどを表す。ここでの意味ははっきりしないが、「轇轕宇宙」が直前の「彌綸造化」と対句になっていることを考えると、「轇轕」は動詞であろう。「宇宙」は天地、あるいは天下を指すが、また「宇」が空間世界、「宙」が時間世界を表す。従って「轇轕宇宙」は「天地の隅々を駆け巡る」、ひいては「天地の隅々まで知りつくす」の意か。「轇轕宇宙」を、姜信沆（二〇〇七）では「宇宙を力強く走る」、姜圭善（二〇〇一）では「宇宙の無辺の広大さのようである」、『한국고전용어사전（韓国古典用語辞典）』（二〇〇一）の「轇轕」の項目（박종국執筆）では「宇宙を取り仕切る」と解釈している。

（8）玄闕…玄妙な道に入る関門。
（9）神幾…「神機」と同義か。変化極まりない霊妙な働き。
（10）天籟…自然の音、自然に鳴る風の音。
（11）七均十二律八十四調…七均、十二律、八十四調、いずれも音楽の音階に関する用語。

ああ、音声を明らかにすることで楽音を知り、楽音を明らかにすることで音楽を知り、音楽を明らかにすることで政治を知る。後世に見る者は必ず得るものがあるであろう。正統十二年九月下旬、通徳郎・守集賢殿応教・芸文応教・知製教・経筵検討官である臣・申叔舟が頭《こうべ》を深々と下げ、額《ぬか》ずいて、謹んで序を書く。

吁、審聲(1)以知音、審音以知樂、審樂以知政。後之觀者、其必有所得矣。正統十二年(2)丁卯九月下澣、通德郎(3)、守集賢殿應教(4)、藝文應教(5)、知製教(6)、經筵檢討官(7)、臣申叔舟拜

ああ、声を審《つまび》らかにして以《もっ》て音を知り、音を審かにして以て楽を知り、楽を審にして以て政を知る。後の観る者は其《そ》れ必ず得る所有らん。正統十二年丁卯九月下澣《かかん》、通徳郎、守集賢殿応教、芸文応教、知製教、経筵《けいえん》検討官、臣申叔舟《しんしゅくしゅう》、拝手稽首《けいしゅ》し謹

みて序す。

手稽首謹序

（1）審聲以知音、審音以知樂、審樂以知政…『礼記』楽記の句。

（2）正統十二年…明の年号で、一四四七年。朝鮮が明の年号を用いることについては、一三五ページ注（1）参照。

（3）通徳郎…正五品の文官の品階名。

（4）守集賢殿應教…集賢殿の応教は正四品の官職名。「守」は品階の低い者が高い位の官職に就いたことを表す。一八三ページ注（3）参照。

（5）藝文應教…「藝文」は芸文館のことで、詔勅の作成などを司る官庁。応教はその正四品の官職名。

（6）知製教…国王に教書などの奉書を司る官庁。

（7）經筵檢討官…「經筵」は経筵庁のことで、王への教育を司った官庁。検討官は講読などを担当した正六品の官職名。

解　説

趙義成

一　訓民正音の公布まで

朝鮮半島は漢字文化圏である。中国と陸続きである朝鮮半島には、比較的早い時期から漢字文化がもたらされたと推測される。このとき、自らの言語を表記するための文字を持たなかった朝鮮において、漢字を導入することは、すなわち漢文を書記言語として導入することであった。だが、音韻も文法もまったく異なる漢語を朝鮮人が操《あやつ》るのは決して容易ではなかろう。しかして、漢字の音・訓を用いた自言語の表記法が、日本と同様に朝鮮においても考案される。吏読《りとう》、郷札《きようさつ》、口訣《こうけつ》がそれである。

吏読は、朝鮮語の語順に従って文が綴《つづ》られ、名詞・動詞などの実質的な語は漢字語が用いられ、助詞などの部分は朝鮮の固有語が用いられる。下級役人の文書などで用いられたため、この名がある。郷札は、郷歌《きょうか》（古代朝鮮の詩歌）を表記するのに主として用いられた表記法である。日本の万葉仮名に似た性質のものであり、当時の言語をほぼ完全に表記したものと推測される。口訣は、漢文を読む際に漢文の途中に挿入する朝鮮語の助詞類を言う。だが、漢字を用いたこれらの表記法をもってしても、朝鮮語を完全な形で書き表すことが不可能であった。

現在「ハングル」として知られている朝鮮の民族文字は、李氏朝鮮（一三九二年～一九一〇年、韓国では一般に朝鮮王朝と呼称する）の第四代国王である世宗《せいそう》（세종《セジョン》、在位一四一八年～一四五〇年）の時代に作られた。世宗は李朝随一の名君との誉れ高い王である。この時期は李朝の国家基盤が安定化した時期であり、世宗は儒学（朱子学）に基づいた王道政治を志して、文化的にも充実した時期であった。朝鮮の固有文字はそのような時代背景の中、一四四三年（陰暦）十二月に完成し（朝鮮民主主義人民共和国では、陽暦に換算して一四四四年一月完成とする）「訓民正音」と命名され、その三年後の一四四六年（陰暦）九月に「解例」の附された書籍『訓民正音』として世に頒布された。この本は全編が漢文で書かれており、「解例」と呼ばれる解説・用例が附されていることから、俗に「解例本」と称される。

この文字が世宗一人によって作られたのか、臣下の学者らとの共同作業によって作られたのかについては諸説があるが、文献記述から見る限りでは、世宗自身が文字制作を行なった可能性が高い。『世宗実録』一四四三年十二月条には「是の月、上、親しく諺文二十八字を制《つく》る（是月上親制諺文二十八字）」とあり、世宗自らが作ったと記されている。また、鄭麟趾序では世宗が文臣たちに解例を作るよう命じたという記述はあるが、文字制作自体については世宗自らが行なった旨の記述がなされており、崔万理らの上疏文においても、世宗自らが作ったという内容の記述がなされている。その一方で、世宗が文臣たちと共同で文字制作を行なったとか、文臣たちに文字制作を命じたという説も根強い。それまで有名無実化していた集賢殿《しゅうけんでん》が世宗の手により学問研究機関として立て直されたことや、「解例」が集賢殿の学士らによって書かれたことなどが、そのような説の根拠となっているものと思われる。しかし、文臣らの関与を示す記録は一切なく、世宗が秘密裏に何らかの組織を作った形跡もまったくない。もし集賢殿の一部学士らが関与していれば、他の文臣から何らかの指摘があったはずである。だが、文字創制の二ヶ月後に提出された崔万理らの上疏文においても、そのような言及はない。これらの事がらから判断すると、集賢殿の学士たちが文字創作に関与した可能性は低そうである。

二　文字作成の理由

世宗が訓民正音を作った理由は、民衆に書記手段を提供することであることは言うまでもない。このことは『訓民正音』の本文、「国の語音、中国に異なり、文字と相《あ》い流通せず、故に愚民、言わんと欲する所有《あ》れども、終《つ》いに其《そ》の情を伸ぶるを得ざる者多し。」に、簡潔明瞭に表現されている。

当時の朝鮮人は周辺の諸民族が自身の文字を持っていることを知っていた。申叔舟《しんしゅくしゅう》の詩文集『保閒斎集』附録の「文忠公行状」に「列国、皆国音の文有り、以《もっ》て国語を記す。独り我が国は之《これ》無し。（列國皆有國音之文、以記國語。獨我國無之。）」という記述があり、また訓民正音に反対した崔万理《さいばんり》らの上疏には蒙古《もうこ》・西夏《せいか》・女真《じょしん》・日本・西蕃《せいばん》の文字について言及がある。自民族の文字を持つ諸国に比べ、自らの書記生活が不便であったことは、当の朝鮮人がよく分かっていたことであろう。

しかして、世宗は民衆の日用の便のために訓民正音を作った。『訓民正音』の中では漠然と「日用に便ならしめんと欲す」とあるが、世宗や文臣が論ずる内容を見ると、とりわけ行政文書の書記手段である吏読を俎上《そじょう》に載せた議論が目立つ。鄭麟趾《ていりんし》序においては吏読の不便さ、不十分さを説き、崔万理らの上疏文では吏読の代わりに諺文を用いたとしても冤罪《えんざい》などの訴訟上の過ちがなくなるわけではないと主張する。このような議論は、行政に携わる側からも民衆の意を的確に書き表すために、吏読に代わる書記手段をあるいは望んでおり、世宗もそれを視野に入れていたのかも知れない。

ところで、訓民正音が作られる当時の状況をつぶさに見ていくと、そのような実用的な理由だけをもってこの文字が創制されたのではないという事情が浮かび上がる。その中でも最も大きな理由の一つが、李氏朝鮮の国是である儒学（朱子学）との関わりである。

李氏朝鮮が国是として崇めた朱子学は、南宋の朱熹《しゆき》により体系づけられた儒学の理論体系である。朱子学はその内容から性理学と称されることがあり、またその時代から宋学と称されることもある。さて、この儒学においては、音と政治が関連付けられる。『礼記』楽記は「声を審《つまびら》かにして以《もつ》て音を知り、音を審かにして以て楽を知り、楽を審かにして以て政を知る。而《しこう》して治道備わる。（審聲以知音、審音以知樂、審樂以知政。而治道備矣。）」と説く。音を理解し、音楽を理解することが治世の道理を知ることであるという考え方である。楽記はまた「楽を知れば則《すなわ》ち礼に幾《ちか》し。礼・楽皆得、之《これ》を有徳と謂《い》う。（知樂則幾於禮矣。禮樂皆得、謂之有德。）」とも言う。儒教では、音を知り、音楽を知ることは、徳のある治世の道につながると考えたのである。それゆえ、音を正しくあらしめることは政治を正しくあらしめることであった。

鄭麟趾序においても「字韻は則ち清濁、之《これ》を能《よ》く弁《わ》け、楽歌は則ち律呂《りつりょ》、之《これ》を克《よ》く諧《かな》う。」と言い、訓民正音の創制により漢字音と音階が狂うことなく正しい姿を保たせることができるとしている。

ところで、ここで言う「音」とは、実のところ、どうやら朝鮮語音ではなく漢字音のことを念頭に入れていたようである。先の鄭麟趾序の文言を見ても、楽歌とともに挙げられたものは字韻（漢字音）である。また、崔万理との応酬の中で、世宗は「若《も》し予、其《そ》の韻書を正すに非《あら》ずんば、則ち伊《こ》れ誰《たれ》か之《これ》を正さんや。（若非予正其韻書、則伊誰正之乎。）」と言い、やはり漢字音について云々している。儒学的な動機から「音を正す」というのは、「漢字音を正す」ということであったことが、これらのことから知ることができる。

当時の朝鮮の学者は、朝鮮の漢字音が中国における本来の漢字音から離れて、朝鮮風に訛《なま》っていることを十分に知っていた。その記述は『東国正韻』序にも記されている。この事実を、朝鮮の学者は漢字音の乱れと捉え、漢字音の乱れはとりもなおさず政治の乱れに直結すると考えた。その乱れを正し、あるべき理想的な人工漢字音を提示するためには、発音を的確に明示する文字が必要である。その目的に資するものとして作られたのが、まさに訓民正音であったわけである。

「用字例」は個々の字母の使用法を示した章であるが、そこにはある不可解な記述が見られる。初声の用例を見ると、初声十七字のうち「ㆆ」の用例が見えない。その一方で、初声十七字には含まれていない合成字「ㅸ」の用例が記されている。このことは、「ㆆ」が当時の朝鮮語音の表示には必要ない文字であったということを意味し、また、「ㅸ」という音が当時の朝鮮語音に有ったにもかかわらず、それ専用の字母が一次的に作られなかったことを意味する。現実の朝鮮語の音の体系とは食い違う訓民正音の初声十七字は、それが一義的に朝鮮語音の表示のための体系なのではなく、あるべき理想的な人工漢字音を表示するための体系であったことを物語る。

以上のように見て、訓民正音の作成には、朝鮮語をありのまま表記するという実用上の必要性があったのはもちろんであるが、それにも増して、音（漢字音）を正しくあらしめて理想的な王道政治を敷くという儒学的な理念を具現される意図があった。「訓民正音」は訓読すれば「民を訓《おし》うる正しき音」である。この名称は、音を正すことにより、民衆を教化するという意味合いが込められていると言えよう。

三　訓民正音を支える理論

訓民正音を形作っている理論は二つである。一つは儒学（朱子学）、もう一つは音韻学である。上に詳しく見たように、李氏朝鮮王朝は朱子学を国是としており、朱子学的な理想政治の具現という理想が訓民正音を創制した大きな理由でもあった。従って、訓民正音それ自体にも、朱子学的な世界観がふんだんに込められている。『訓民正音解例』制字解では文字に込められている思想的側面が詳細に述べられているが、それは朱子学的な世界観、とりわけ周易《しゅうえき》をはじめとした易学《えきがく》的な世界観に透徹している。制字解の冒頭に「天地の道は一に陰陽五行のみ」とある文言が、それを端的に物語っている。子音字母についても母音字母についても、個々において陰陽五行との関係を細密に論じ、音の変化などの微細な現象についてまでも易学的な説明を試みたのも、この文字が朱子学的な世界観の上に成り立っていることを闡明《せんめい》するものであったと言える。

そして、文字を創制し「音を正す」という具体的な作業を行なうためには、言語音を的確に分析する必要があった。それを保障するものが音韻学、すなわち漢字の音を分析する学問であった。言語音を表音的に明示する手段を持たなかった中国では、長年にわたり漢字音を分析する方法を磨き、この分野を壮大かつ緻密な学問として確立させた。それが音韻学である。訓民正音はそのような音韻学の成果を十分に吸収して作られている。解例に見える五音(牙音、舌音、唇音、歯音、喉音)や音の清濁、あるいは声調などといった諸概念は、いずれも音韻学から援用したものである。当時の朝鮮の学者が音韻学に対する深い知識を持っていたからこそ、それを訓民正音に活かすことができたのである。訓民正音を作った人々は、既存の音韻学だけでは満足せず、初声・中声・終声といった新たな概念を提唱して朝鮮語音を分析し、それを文字に反映させたという点でも指摘するに値する。

このように、訓民正音は儒学と音韻学という二つの柱によって支えられている。それはあたかも車の両輪のごときものであり、そのいずれかが欠けても訓民正音の本質は見えなくなる。

四　反対上疏文

一四四三年十二月に訓民正音が完成するや、一四四四年二月に崔万理らがそれに異議を唱える上疏文を世宗に提出した。本書に収録した、いわゆる「崔万理等諺文反対上疏文」である。この上疏文の趣旨は大まかに言って（一）固有文字を持つことは未開人のすることであり、中華に随う事大主義に反する、（二）朝鮮語の表記は既存の吏読で十分事足りる、（三）固有文字を創制すると漢字を学ばなくなり儒学が衰退する、といったものである。

上疏文で話題にしている事がらは、解例本の鄭麟趾序の内容と対応している箇所が少なくない。このことから、文字創制を取り巻くさまざまな議論が、早い時期からすでに学者の間で行なわれていたことがうかがえる。

上疏にかかわった集賢殿の文臣は、上は副提学（正三品）の崔万理から、下は著作郎（正八品）の趙瑾まで七人である。集賢殿の定員は二十人であったから、多様な職位にある七人が上疏に名を連ねたことの意味は大きい。中国を中心とした秩序がとりもなおさず世界の秩序であり、儒学に基づいて徳を広める政治を理想の国家像とした当時の李氏朝鮮社会にあって、固有文字を持つことはすなわち中国文化から離れることを意味すると考え、固有文字の創制に反対するのは、当時の常識からすればむしろ自然な考え方であったであろう。そのように見ると、上疏文の主張は必ずしも荒唐無稽なものではなく、それなりに理があるものと言える。「漢字を学ばなくなる」という指摘などは、あたかも数百年後の現代を見透かしているかのようですらある。

おそらく、訓民正音の作成に携わった人々と、それに反対する人々との間で、世界観が大きく異なっていたわけではなく、いずれも中華を中心とする世界に身を置き、中華の文化たる儒学に基づく政治を目指していたことであろう。そのように考えれば、訓民正音に関わった人々とそれに反対する人々は、対立する図式の中で捉えられるのではなく、同一の方向性を志向しつつもその実現手段を異にしたに過ぎなかったのかも知れない。

五　『訓民正音』と『東国正韻』

訓民正音が完成した三箇月後の一四四四年二月、世宗は文臣たちに中国の韻書である『古今韻会挙要』の諺訳《げんやく》を命じた。ここで言う「諺訳」とは、漢字音をハングルで表示することを指す。この作業は、中国音を分析し、それを基に朝鮮漢字音を正そうとしたものであったと思われる。しかし、『世宗実録』にこの作業が完遂したという記事がなく、また諺訳された『古今韻会挙要』が残されていないことから、この作業は中断されたものと推測される。この作業の根底には、儒学的な理想を基に漢字音を正すという世宗の意図があったであろうが、現実の音を正すまでには至らなかったようである。

しかし、漢字音を正す作業は、人工漢字音の発音一覧である『東国正韻』という形で実を結んだ。『東国正韻』は解例本頒布の翌年である一四四七年九月に完成し、翌四八年十月に頒布されている。『東国正韻』は個々の漢字音がハングルによって表示されている。漢字音は韻母（音節頭子音、すなわち初音を除いた部分）ごとにまとめられており、同一韻母の中はさらに初声ごとに区切られている。初声は漢字字母によって示されているが、その漢字字母は『訓民正音』における字母とまったく同一字である。例えば、「ㄱ」音の表示に「君」字を用い、「ヨ」音の表示に「快」字を用いる方式である。しかも、訓民正音の初声十七字の体系は

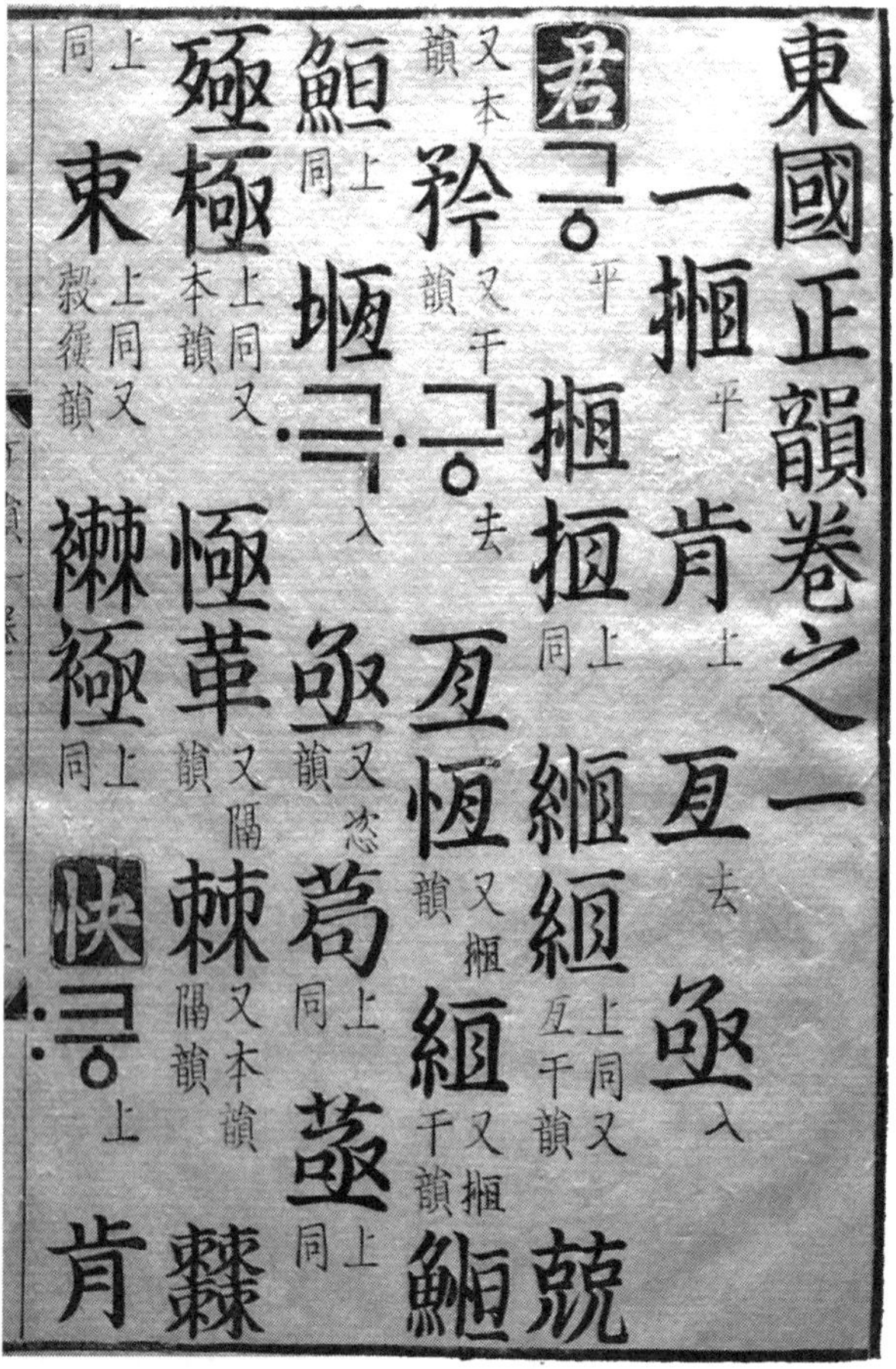

『東国正韻』巻一の冒頭部分

当時の朝鮮語の子音体系と微妙にずれていることを上で見てきたが、『東国正韻』の初声体系と訓民正音の初声体系はぴたりと一致していて食い違いがない。この点を見ても、『東国正韻』が『訓民正音』と深い関係にあることがうかがえる。儒学的な理想を実現するための『訓民正音』と『東国正韻』は、いわば表裏一体の関係にある書であると言っても過言ではない。『訓民正音』と『東国正韻』の密接性は、それに携わった学者の顔ぶれを見ても知ること

各文献の作成に携わった文臣

参与者＼文献	訓民正音解例	古今韻会挙要諺訳	東国正韻	洪武正韻訳訓
鄭麟趾	○			
崔恒	○	○	○	
朴彭年	○	○	○	
申叔舟	○	○	○	○
成三問	○		○	○
姜希顔	○	○	○	
李塏	○	○	○	
李善老（賢老）	○	○	○	
曹変安			○	○
金曽			○	○
孫寿山				○

ができる。
なお、朝鮮漢字音を正す作業が『東国正韻』の編纂へと引き継がれたのに対し、中国音を分析する作業は『洪武正韻訳訓』の編纂へと引き継がれた。『洪武正韻訳訓』は中国の韻書『洪武正韻』を諺訳したもので、一四五五年に完成している。

六 『訓民正音』解例本の書誌

『訓民正音』解例本の文章は以下のように構成されている。

訓民正音
- (御製序)…文字創成の理由を世宗自らが述べた部分
- (例　義)…ハングル各字とその運用法、および傍点についての説明部分

訓民正音解例
- 制字解…陰陽五行に基づく音の分類と分析を中心とした制字原理の解説
- 初声解…初声についての説明
- 中声解…中声についての説明
- 終声解…終声、および終声字の運用法についての説明

・合字解…ハングル各字の組み合わせ方についての説明
・用字例…用例集。合計九十四語が収録
・（鄭麟趾序）…文字創制の背景やハングルの利点などを解説

（　）で示した「御製序」「例義」「鄭麟趾序」は原文には見られない表題で、本書において便宜的に付けた題である。解例本は『訓民正音』と『訓民正音解例』とから成る。『訓民正音』がいわゆる訓民正音の本編であり、『訓民正音解例』はさらにいくつかの章に分割されるが、とりわけ分量が多いのが「制字解」である。上述のごとく、「用字例」に示された例語九十四語はすべて朝鮮語の固有語彙であり、新たに作られた文字が朝鮮語を確実に表記しうることをはっきりと示している。

次に、書誌学的な面からこの本を見ることにする。現存する『訓民正音』解例本の原本は二種が知られている。一種は一九四〇年に発見された本、いま一種は二〇〇八年に発見された本である。まず、前者について簡略に紹介する。

この本は一九四〇年に世に知られることとなった。発見経緯として最も知られているのは、慶尚北道安東郡臥竜面周下里の故李漢杰氏宅の家宝として伝えられた解例本を、経学院（成均館大の前身）助教授だった金台俊氏（一九〇五〜一九四九）を通じて一九四〇年夏に故全鎣弼氏が購入し、世に出たという。ただし、発見の経緯、原所有者については、なお異論がある。現在この解例本は、全鎣弼氏の設立した澗松《かんしょう》美術館（ソウル市城北区）に所蔵されており、一九六二年十二月二十日に韓国の国宝第七〇号に指定されて、また一九九七年にはユネスコの「世界の記憶（世界記録遺産）」に登録された（以下、「澗松本」と呼ぶ）。

澗松本は木版本であり、はじめの二丁（すなわち四頁分）が欠落している。この欠落分の二丁は全鎣弼氏に渡る前に、李漢杰氏の三男である李容準氏により、『世宗実録』の記述などを基に補写され復原されたという。しかしながら、この補写にはいくつかの誤りが指摘されている。

また、この本には本文と無関係の筆写がなされている箇所がある。一つは『訓民正音』本編の第四丁裏に見える筆写である。この頁は本来罫線のみの空行の頁であるが、第一行から第五行までは左隣りの『訓民正音解例』が写されており、第六行と第七行は『大学或問《わくもん》』の一節が写されている。いずれも落書きと見られる。今一つは紙背（裏面）に見える文章である。澗松本は経年劣化のため、版心部分、すなわち丁の折り目が破け、裏の白紙部分が露出しており、この裏の部分に『十九史略諺解』（明の余進による『十九史略通攷』を朝鮮語訳したもの）が筆写されている。筆写時期は十七世紀ないし十八世紀ごろと見られている。昔は紙が貴重であったため、この白紙部分を利用して何らかの筆写がなされることが少なくなかった。この筆写もそのような類と思われる。

澗松本の体裁は以下の通りである。寸法の数値は金敏洙（一九五七）による。
・本編四丁、解例二十九丁、計三十三丁
・本の大きさ：横二〇センチ、縦二九センチ
・匡郭の大きさ：半郭で横一六・八センチ、縦二三・三センチ
・匡郭の体裁：四周双辺、有界
・行数・字数：七行十一字（本編）、八行十三字（解例）
・版心題：「正音」（本編）、「正音解例」（解例）
・魚尾：上下下向黒魚尾
・象鼻：上下とも黒口

解例本は長らくこの澗松美術館所蔵本が唯一本として伝わってきたが、二〇〇八年に慶尚北道尚州市で解例本が新たに発見された。この本は丁の欠落が多く、また経年劣化も甚だしい。さらには発見経緯について係争中であるため、二〇一〇年現在でいまだ未公開である。そのため、この本の実態は十分に明らかにされていない。

七　『訓民正音』の異本

解例本以外の『訓民正音』については次のような異本がある。以下にごく簡単に紹介する。

（一）漢文本

（ア）実録本

『世宗実録』一四四六年九月の条に本文と鄭麟趾序が収録されている。本文は「御製《ぎょせい》に曰《いわ》く（御製曰）」で始まり、鄭麟趾序は「礼曹判書鄭麟趾序に曰く（禮曹判書鄭麟趾序曰）」で始まる。本文の文言のうち、「欲使人人易習」は「欲使人易習」となっており、鄭麟趾序では文臣名の列挙において、各人の「臣」が省かれている。なお、『世宗実録』は太白山本と鼎足《ていそく》山本の二種がある。

（イ）排字礼部韻略本

『排字礼部韻略本』（一六七九年）巻五に本文が収録されている。実録本と同じく「御製曰」に始まり「欲使人人易習」が「欲使人易習」となっているほか、「慈字」が「玆字」になっている。また、「便於日用耳」の次に「正統十一年丙寅九月　日」とある。

（ウ）列聖御製本

李朝歴代国王の詩文集『列聖御製』（十七世紀）の巻二に本文が収録されている。「出實錄」と注記があり、出典が『世宗実録』であることが分かる。

（エ）経世訓民正音図説本

崔錫鼎《さいせきてい》編纂の『経世訓民正音図説』（十七世紀）の冒頭に本文が収録されている。本文の順序に改変があり、「世宗荘憲大王御製」の後に例義部分が続き、その後ろに「御製曰」に始まる御製序が続く。「慈字」が「茲字」となっており、傍点の説明部分で「二則上聲」が「二點則上聲」となっている。

（二）諺解本

「諺解《げんかい》」とは漢文を朝鮮語に翻訳しハングルで表記することである。「諺解本」とは、漢文の原文を提示した後に、それを朝鮮語訳しハングルで提示した形式の書籍を指す。『訓民正音』の諺解本は訓民正音の本編、すなわち世宗序と例義部分を朝鮮語訳したもので、解例本が成った後に作られたものと推測される。諺解本は本文の末尾に中国語音を表す字である歯頭音字（ᅎᅔᅏᄼᄽ）と正歯音字（ᅐᅕᅑᄾᄿ）についての記述が付け加えられている。この記述は、もとの解例本にはないものである。

（オ）西江大本

西江大学校図書館所蔵本。一四五九年刊行の初刊本『月印釈譜《げついんしゃくふ》』巻一の巻頭に収録されており、原刊本である。「世宗御製訓民正音」の内題がある。

（カ）喜方寺本

慶尚北道の喜方寺本において一五六八年に覆刻された『月印釈譜』巻一の巻頭に本文が収録されている。字句は西江大本と同一だが、覆刻の際の誤刻がいくつか認められる。

（キ）朴勝彬氏旧蔵本

故朴勝彬氏が所蔵していた本で、現在は高麗大学校亜細亜問題研究所六堂文庫所蔵。原刊本と見られているが、第一丁が欠落のため補写されており、第一丁以降も部分的に補写が見られる。補写された第一丁は内題が「訓民正音」とあり、「御製曰」で始まり、割注と諺解の文言も西江大本と異なる。

（ク）宮内庁本

日本宮内庁書陵部が所蔵する写本。筆写時期は十八世紀ごろか。戦前に故魚允迪氏がこの本を筆写したものがソウル大学校中央図書館に所蔵されており、またこの本の写真版本がやはりソウル大学校中央図書館に所蔵されているという。字句が朴勝彬氏旧蔵本に一致しており、朴勝彬氏旧蔵本を模写したものと思われる。

（ケ）金沢庄三郎氏旧蔵本

故金沢庄三郎氏が所蔵していた写本で、現在は駒澤大学図書館濯足文庫所蔵。字句は『月印釈譜』巻一の巻頭本に一致する。

参考文献

姜圭善（二〇〇一）『訓民正音 研究』보고사、서울
姜吉云（一九九二）『訓民正音과 音韻體系』螢雪出版社、서울
姜信沆（一九六三）「「訓民正音」解例理論과「性理大全」과의聯關性」『국어국문학』二六、
곡어곡문학회、서울
姜信沆（一九六七、一九七一）「韓國語學史 上」『韓國文化史大系V』所収
姜信沆（一九八七、二〇〇七）『수정증보 훈민정음연구』성균관대학교 출판부、서울
姜信沆（二〇〇〇）『한국의 운서』태학사、사울
高麗大學校 民族文化研究所（一九六七、一九七一）『韓國文化史大系V』言語・文學史、高
大 民族文化研究所 出版部、서울
국립국어원（二〇〇八）『알기 쉽게 풀어 쓴 훈민정음』생각의나무、서울
국립중앙도서관 서지학부（一九五五）『조선 서지학 개관』국립출판사、평양
國語史研究會（一九九七）『國語史研究』태학사、서울
金武林（一九九九）『洪武正韻譯訓 研究』도서출판 월인、서울
金敏洙（一九五七）『注解 訓民正音』通文館、서울

金完鎭（一九六七、一九七一）「韓國語發達史 上 音韻史」『韓國文化史大系V』所収
金完鎭（一九八〇）『鄕歌解讀法研究』서울大學校出版部、서울
김주원（二〇〇五）「훈민정음해례본의 뒷면 글 내용과 그에 관련된 몇 문제」『國語學』四五、國語學會、서울
남권희（二〇〇九）『새로 발견된〈訓民正音解例〉본과 일본판 石峰〈千字文〉소개』訓民正音学会発表要旨
南豊鉉（一九九九）『口訣研究』태학사、서울
南豊鉉（二〇〇〇）『吏讀研究』태학사、서울
렴종률（一九九〇）『조선어내적발전사연구』사회과학출판사、평양
류렬（一九九二）『조선말력사（2）』사회과학출판사、평양
문화재청（二〇〇七）『학술연구 용역사업 보고서 훈민정음 언해본 이본 조사 및 정본 제작 연구』문화재청、대구
박동근（一九九三）「『훈민정음』에 나타난 예악（禮樂）과 정음（正音）・정성（正聲）사상과의 관계」『韓中音韻學論叢』第一巻所収
朴炳采（一九六七、一九七一）「韓國文字發達史」『韓國文化史大系V』所収
박영진（二〇〇五）「『훈민정음 해례본』의 발견 경위에 대한 재고」『한글새소식』한글학

회、서울
박종국 (二〇〇七)『훈민정음종합연구』세종학연구원、서울
박지홍 (一九八四)『풀이한 訓民正音―연구・주석―』과학사、서울
서울大學校 大學院 國語硏究會編 (一九九三)『國語史 資料와 國語學의 硏究』文學과 知性社、서울
성원경編 (一九九三)『韓中音韻學論叢』第一卷、서광학술자료사、서울
申昌淳 (一九九〇)「訓民正音硏究文獻目錄」『정신문한연구』三八、정신문화연구원、서울
安秉禧 (一九九二)『國語史 資料 硏究』文學과知性社、서울
安秉禧 (二〇〇七)「宋錫夏 선생 透寫의『訓民正音』」『韓國語硏究』四、韓國語硏究會、서울
安秉禧 (二〇〇七)『訓民正音硏究』서울대학교 출판부、서울
安春根 (一九八三)「訓民正音解例本의 書誌學的 考察」『韓國語 系統論 訓民正音 硏究』所收
兪昌均 (一九六六)『東國正韻硏究』螢雪出版社、서울
이광호 (二〇〇五)「『訓民正音 解例本』의「解」와「例」에 제시된 일부「實例」에 대한 검토」『우리말 연구 서른아홉 마당』임홍빈외、태학사、서울

李覲洙（一九七九）『朝鮮朝의 語文政策 研究』弘益大學校出版部、서울

李基文（一九七二、一九七七）『國語音韻史研究』國語學叢書3、탑출판사、서울

李基文（一九九二）「訓民正音 親制論」『韓國文化』一三、서울대학교 한국문화연구소、서울

李基文（一九九八、二〇〇八）『新訂版 國語史概說』태학사、서울

李成九（一九八五、一九九一）『訓民正音研究』東文社、서울

李成九（一九九三）「『訓民正音解例』에 나타난「天」과「地」의 의미」『韓中音韻學論叢』第一巻所収

李正浩（一九七五、一九九〇）『訓民正音의 構造原理—그 易學的 研究—』亞細亞文化社、서울

鄭宇永（二〇〇一）「『訓民正音』한문본의 낙장 복원에 대한 재론」『국어국문학』一二九、국어국문학회、서울

정광（二〇〇九）「훈민정음의 中聲과 파스파 문자의 모음자」『國語學』五六、國語學會、서울

鄭寅承・成元慶（一九七三、一九八八）「東國正韻 解題」『國寶 第一四二號 東國正韻 全六巻（附：解題・索引）』建國大學校出版部、서울

정철（一九八四）「원본《훈민정음》보존에 대하여」『풀이한 訓民正音—연구・주석—』所収
千惠鳳（一九九〇）『韓國典籍印刷史』汎友社、서울
千惠鳳（一九九一、一九九七）『韓國書誌學』민음사、서울
崔世和（一九九七）「『訓民正音』落張의 復原에 대하여」『國語學』二九、國語學會、서울
崔鉉培（一九四二）『한글갈』正音社、京城
秋江黃希榮博士 頌壽紀念論叢刊行委員會（一九八三）『韓國語 系統論 訓民正音 研究』集文堂、서울
허재영（一九九三）「『훈민정음』에 나타난 성운학의 기본 개념」『韓中音韻學論叢』第一巻所収
洪起文（一九四六）『正音發達史』서울신문社出版局、京城
홍윤표（二〇〇五）「訓民正音의「象形而字倣古篆」에 대하여」『國語學』四六、國語學會、서울
伊藤智ゆき（二〇〇七）『朝鮮漢字音研究』汲古書院、東京
伊藤英人（二〇一〇）「朝鮮半島の書記史—不可避の自己としての漢語」中村春作他編『続

「訓読」論―東アジア漢文世界の形成―』勉誠出版、東京
大島正二（一九九八）『中国言語学史』汲古書院、東京
小倉進平著、河野六郎補注（一九六四）『増訂補注朝鮮語学史』刀江書院、東京
垣内景子・恩田裕正（二〇〇七）『『朱子語類』訳注 巻一〜三』汲古書院、東京
姜信沆著、梅田博之日本語版協力（一九九三）『ハングルの成立と歴史』大修館書店、東京
河野六郎（一九七九）『河野六郎著作集』全四巻、平凡社、東京
河野六郎（一九九四）『文字論』三省堂、東京
志部昭平（一九九〇）『諺解三綱行實圖研究』全二冊、汲古書院、東京
多久弘一・瀬戸口武夫（一九九八）『新版 漢文解釈辞典』国書刊行会、東京
竹内照夫（一九七七）『礼記 中』新釈漢文大系二八、明治書院、東京
趙義成（二〇〇八）「『訓民正音』からの接近」『韓国語教育論講座』第四巻、くろしお出版、東京
趙義成（二〇〇九）「ハングルの誕生と変遷」『東洋文化研究』一一、学習院大学東洋文化研究所、東京
藤堂明保編（一九七八）『学研漢和大字典』学習研究社、東京
戸川芳郎・蜂屋邦夫・溝口雄三（一九八七）『儒教史』世界宗教史叢書一〇、山川出版社、東

京
中村璋八（一九七三、一九九〇）『五行大義』（中国古典新書）明徳出版社、東京
中村完（一九九五）『論文選集 訓民正音の世界』創栄出版、仙台
野間秀樹（二〇一〇）『ハングルの誕生 音《おん》から文字を創る』平凡社、東京
平山久雄（一九六七）「中古漢語の音韻」『中国文化叢書1 言語』大修館書店、東京
藤本幸夫（二〇〇七）「朝鮮の文字文化」『月刊言語』一〇月号、大修館書店、東京
朴永濬・柴政坤・鄭珠里・崔炅鳳著、中西恭子訳（二〇〇七）『ハングルの歴史』白水社、東京
本田済（一九六六）『易』（新訂中国古典選第一巻）、朝日新聞社、東京
吉川幸次郎・三浦国雄（一九七六）『朱子集』（中国文明選第三巻）、朝日新聞社、東京
李基文著、村山七郎監修、藤本幸夫訳（一九七五）『韓国語の歴史』大修館書店、東京
李敦柱著、藤井茂利訳（二〇〇四）『漢字音韻学の理解』風間書房、東京
羅常培（一九五六）『漢語音韻學導論』中華書局、北京
Sampson, G.（1985）*Writing systems: a linguistic introduction*, Stanford: Stanford University Press

Концевич, Л. Р.（1979）*Хунмин чоным*（"*Наставление народу о плавильном произношении*"）,
Москва: Издательство «Наука»

あとがき

趙義成

訓民正音については、朝鮮半島ではこれまで多くの書が著され、さまざまな議論がなされてきた。だが、不思議なことに日本においては、訓民正音に言及されることはあっても、テクスト自体を読み解く書籍が極めて少なかった。これまでのところ、日本語で読める訓民正音の総合的な解説・注釈書としては、姜信沆先生が著し、梅田博之先生が日本語版の協力をなされた『ハングルの成立と歴史』がある。これは姜信沆先生が朝鮮語で書かれた『訓民正音研究』の一部に手を加え日本語に改めたものである。朝鮮語学、中国音韻学をはじめ、朱子学的な知識も深い姜信沆先生が、広く文献を渉猟し、当時の言語政策や社会状況などについても確かな検討を加えつつ、解例本のみならず諺解本、数種の関連文献について詳細な注釈をお加えになった同書は、訓民正音を学ぶ者にとっては必携の書ともいえるほど重要な書であるが、これを除くと日本語の目ぼしい注釈書はない。文字論的にも文化論的にも興味深い隣国の訓民正音を解説する書がわずかである現状況において、東洋文庫から訓民正音の訳注書が刊行されることの意義は非常に大きいと言えよう。

そしてこのたび、その仕事を私が引き受けることとなった。実のところ、私には訓民正音の訳注を書くに足る学問的力量など、まったく備わっていない。本来ならば、名もあり学識も深い重鎮の先輩が、この大仕事をなすべきであると私は思うし、私のような浅学の愚昧がかかわっては、由緒ある平凡社東洋文庫の名を汚してしまうのではないかとさえ思える。だが、一体全体何の因果があってのことか、期せずしてこの弱輩がこの仕事を引き受けるはめになってしまい、非力を承知で訓民正音の訳注という大業に携わることとなった。

訓民正音は文字についての文献である。従って、この文献を語るには、まずもって言語学的な視点からの言及が不可欠である。だが、この文献を語るには、それだけではまったく足りない。訓民正音の創制は、いわば当時の知の集成であり、とりわけ訓民正音を貫く思想である朱子学は、訓民正音の脊髄といっても過言ではない。それゆえ、朱子学の見地から訓民正音を語ることなくして、訓民正音を語ったということは到底できない。

私自身は言語を専門とする者である。しかし、だからといって言語学的な記述に終始し、朱子学については通り一遍の言及でお茶を濁すようなことはしたくなかった。本訳注書はそのような考えに立って、言語学のみならず思想的な視点からも偏りなく該博に注を付けるように心がけた。注については、必ずしも十分に納得の行くものとは言い難いが、それでも最善を尽くしたつもりである。

また、本書では原文の漢文に対し訓読文を附した。訓民正音とその関連文献にくまなく日本語の訓読文を附したのは、おそらく本書が初めてではないかと思う。この訓読文は私がインターネット上で公開していたものが土台となっているが、訓読文を附するのに際して原文を何度も吟味し直し、また訓読が妥当なものであるか幾度となく推敲を重ねた。読者諸兄姉がこの訓読文を読むことで、訓民正音と関連文献の文章の雰囲気を肌で感じ取ることができれば幸いである。

本書を完成させる作業の過程で、明治大学の垣内景子先生には朱子学の観点から実に多くのご教示をいただいた。垣内先生は原稿を細かくご覧になって、門外漢の私に一つ一つていねいに教えてくださった。垣内先生にはまた、漢文の解釈や訓読の誤りについてもいろいろとご意見を頂戴した。垣内先生のこれらのご教示なくして、この訳注書は決して完成しえなかったであろう。ただ、垣内先生のご指導を私が十分に消化しえず、不十分な記述になっている箇所が少なからずあろうかと思う。これらはすべて訳注者である私の不明の致すところである。朝鮮語史にお詳しい東京大学の福井玲先生、大阪大学の岸田文隆先生には執筆の過程で貴重なアドバイスをいただき、訓民正音の書誌については、韓国放送通信大学校の李浩権先生に貴重な情報をいただいた。言語学的な点については、東京外国語大学の伊藤英人氏から重要な助言をいただいた。朝鮮語学のみならず中国音韻学にも通暁する同氏の助言は示唆に富むものであり、ご指摘により稿を改めることもしばしばであった。他にも、日本で入手できない資料を調査してくれたソウル大学校大学院留学生の杉山豊君や、原稿に目を通してくれた東京外国語大学大学院生の山崎亜希子君、小山内優子君、黒島規史君をはじめ、さまざまな手助けをしてくださった諸氏に感謝を申し上げる。

私は国籍を韓国に有する在日朝鮮人二世である。少年時代まで朝鮮語をほとんど解さなかった私が今、祖国・朝鮮の古文献であり、ハングル創制の文献である『訓民正音』に訳注を附していることに、我ながら感慨が深い。だが、この感慨をかみしめる前に、私は二人の恩師を想起せずにはいられない。それは、鄭（高）文平、菅野裕臣の両先生である。鄭文平先生は朝鮮語がまったくできなかった私に、初めて朝鮮語の手ほどきをしてくださった先生である。この先生が朝鮮語を教えてくださらなかったら、朝鮮人としての矜持をもって朝鮮語に携わる今の私は根底から存在しない。菅野裕臣先生は、私が東京外国語大学大学院時代に教えを乞うた先生である。菅野先生が厳しくも暖かく朝鮮語学を叩きこんでくださらなかったら、研究者としての私はこの世にない。また、留学時代にソウル大学校、延世大学校でそれぞれ指導教授として面倒を見てくださった成百仁先生、南基心先生の存在も忘れられない。

この両先生のおかげで留学生として韓国で大いに見聞を広め、学問をより一層深めることができた。このような先生がたが私をここまで導いてくださったからこそ、今の私があり、この本の上梓がある。もちろん、一々名を挙げることのできない数多くの先生がた、先輩、友人、後輩がここまで私を支えてきてくださったことは言うまでもない。

そして、もうひとかた、どうしても言及しないわけにはいかない先生がいらっしゃる。故志部昭平先生である。私は志部先生の直接の弟子ではないが、志部先生が非常勤講師として東京外国語大学に来ていらっしゃったとき、三綱行実図諺解の講義を拝聴し、それに魅せられて朝鮮語史に足を突っ込むこととなった。志部先生の楽しく奥深い中期朝鮮語の授業がなかったら、私がこのように訓民正音を語ることもなかったであろう。研究の途中で無念にも病に逝かれた志部先生のことを思い起こすとき、こう言っては誠におこがましい限りではあるが、志部先生のお志をわずかでも受け継いでゆきたいと改めて思う次第である。

最後に、あるときは叱咤し、あるときは激励して非力な私を陰に陽に支えてくださり、この本の出版に心血を注いで取り組んでくださった平凡社東洋文庫編集部の関正則編集長に心より感謝の意を表したい。

二〇一〇年八月十五日

平凡社ライブラリー版 あとがき

趙義成

平凡社東洋文庫『訓民正音』が世に出て、すでに十年以上の歳月が過ぎた。該書はすでに絶版となっており、残念に思っていたところ、幸いにも平凡社の編集部より該書を平凡社ライブラリーに収めてはどうかという話をいただき、ありがたくもこのたび装いを新たにして出版することとなった。

ハングルは世間的に見ても学問的に見ても、独創的で非常に興味深い文字であるため、市井の人、研究者を問わず、これまでさまざまな人によって語られてきた。それらの多くは真摯な姿勢でこの文字を論じているが、論者の思いが強いためか、この文字の現実から離れて、空想や独りよがりにも近い持論を展開する者も、なかにはある。

ハングル創制という歴史的事実を前にして、我々は現代人の目線、現代の物差しで捉えがちである。現代的視座はもちろん大切であるが、何よりもまず世宗をはじめとした当時の人々がこの文字をどのように捉え、どのように認識していたかをしっかり見ることが最も重要であろう。それなくして、現代の知識だけでこの文字を捉えたところで、この文字の本質など何も見えてはこない。また、文字創制の過程は、誇張した話やフィクションめいた話など、事実・史実に基づかない話が尤もらしく語られることがあり、たちの悪いことに、それは時にアカデミズムの衣をまとって人々の前に現れさえする。だが、興味をそそる面白そうな話も、文献資料に根差し史実を見据えた確かな記述でなければ、何らこの文字の真価を知る助けにはならない。

本訳注書『訓民正音』は一瞥すると地味で面白味のなさそうな書物かもしれない。しかし、本書は各種の文献資料にしっかりと依拠して書かれているので、誇張もなければフィクションもない。学問的にも、言語学という現代の観点はもとより、中国音韻学・朱子学といった十五世紀当時の観点からも確かな考察を行なっているので、本書が日本においてハングル創制の真の姿に最も肉薄している書であると自負する。

東洋文庫版『訓民正音』は、私としては不備・不足に思う点がいまだある。版を改める際にはそれらを補いたいと考えていた。しかしながら、このたび平凡社ライブラリーに収めるに当たっては、諸般の事情から誤字・脱字を正すのみとし、できるだけ東洋文庫版のままに留めることとした。いずれ機会があったら、不備・不足を補いたいと思う。

最後に、『訓民正音』を平凡社ライブラリーに収める話を私にくださった竹内涼子編集長と、平凡社ライブラリー化の実務を担当してくださった編集部の安藤優花氏に感謝を申し上げる。

二〇二二年十一月

解説　趙義成訳注『訓民正音』に寄せて

福井　玲

この度、趙義成先生の訳注による『訓民正音』が平凡社ライブラリーとして装いを改めて刊行されることを喜びたいと思います。この本が最初に平凡社の東洋文庫の中の一冊として刊行されたときには、筆者は、趙先生と同じく韓国語学を専攻する者として、日本の韓国語学（朝鮮語学）のみならず、言語学、東洋学にとってたいへん有益なことであると思っておりました。趙先生は韓国語の歴史に詳しいだけでなく、漢文にも明るいので、この訳注を担当されるのに最適の方です。また、韓国語学の専門家であっても、この本を隅々まで理解するのはそれほどたやすいことではありませんが、ここに見られる翻訳と解説は、日本の韓国語学、そのなかでも韓国語の歴史的研究の発展に大きく寄与するものであることは間違いありません。こう書くと宣伝文句のように見えますが、これは筆者の正直で率直な感想です。

訓民正音の意義については、趙先生による解説とあとがきで語られていますが、筆者は常々、当時の人々が新しい文字を作るのに際して、現代の言語学の水準から見ても遜色ない優れた言語学的分析を行っていることに驚嘆しております。もともと朝鮮では、書き言葉としては長らく漢文が用いられていました。そして、その他に自分たちの言語を表記する手段として、漢字の音と訓を利用した郷札、吏読、口訣などがありましたが、これらの方法をもってしても自分たちの言語を正確に表記することはできませんでした。その理由の一つは、韓国語（朝鮮語）の発音が複雑であることです。日本語の場合と比較すると、朝鮮半島で新羅の時代に作られた歌謡である「郷歌」は、漢字を借りてきてその音と訓を使って自分たちの言語を表記したという点で、日本の万葉集とたいへんよく似ています。しかし、日本語は音韻体系が比較的単純なためにそれでほぼ完全に表記することができ、さらに、その後、漢字から仮名が作られて固有の文字を持つことになり、現在に至っています。それに比べると、韓国語、その中でも十五世紀の中世語は、現代語よりも複雑な音の体系を持っていました。例えば、音節末に現れる子音の種類は最低八つあり、その上、語頭には st-、ps-、psk- のように、子音を二つ三つ重ねる複雑な子音連続まで存在しました。こうした言語を、漢字を借りてきて表記するというのはたやすいことではありません。

また、話は少し専門的になりますが、言語学的に言って別の困難さがありました。それは、ある一つの単語の語形が常に同じ形で現れるのではなくて、例えば、名詞に助詞を付けたり、動詞に語尾を付けたりして活用させる場合に、変わってくることがあるのです。そのために、ある単語について、環境に応じて変化する表面的な発音をそのまま表記するか、それともいろいろな場合に通底するその単語の、いわば本来の形を抽出して表記するか、という問題が生じます。これは、現代の言語学の用語でいえば、音素論的表記がいいのか、形態音韻論的表記がいいのかという問題になります。本書『訓民正音』の「終聲解」の部分ではまさにこの問題が扱われていて、語例を挙げて、理論的に二つの立場が存在することを示し、結論としては、本書では発音通りに表記する方法、つまり音素論的表記を選択しています。これに対して、現在の韓国語の表記法では形態音韻論的表記法が採用されていて、そのため、綴りだけからでは実際の発音を知ることができず、いくつかの規則を通じて実際の発音が導き出されるようになっているという違いがあります。どちらがいいのかは別にして、そのような両方の可能性を考慮していたということ自体が言語学的に注目すべき点です。

もう一つ、『訓民正音』での説明で注目すべき点を挙げたいと思います。まず、子音字の形については「制字解」の中で、それを発音するときの発音器官の形をかたどって作られているという点が挙げられます。例えば、k の音を表す「ㄱ」という字は「舌根が喉の奥を閉じる形」をかたどって作られたと説明され、また、n の音を表す「ㄴ」という字は「舌が上顎に付く形」をかたどって作られていると説明されています。これは、現代の音声学で、人間の発音器官を向かって右側から見た断面図で表し、kの音は舌の奥が持ち上がって軟口蓋との間で閉鎖を作るときの形、nの音は舌先を上の歯茎あたりに付けるときの形を考えると、それとほとんど一致します。しかし、これは『訓民正音』の最後の部分に記された鄭麟趾の序文に見られる「字は古篆に倣う」という説明とは必ずしも一致しません。そのため学者によっては、本書でも紹介されているように、中国の南宋の鄭樵という人が著した『六書略』の「起一成文図」に見られる漢字の字形の成り立ちの説明と関連づけることもあります。趙義成先生は、注意深く、安易な結論は出されていませんが、筆者は、「制字解」の説明を素直に読む限りでは、発音器官の形をかたどっているという説明もそれなりに根拠はあると思います。ただし、その背景に「起一成文図」についての知識があったということも否定はできません。

次にもう一つ、母音字について見てみることにします。母音字は、・と一と丨という三つの字が基本となっており、これらはこの順で「天地人」を表します。「天地人」というのは、儒教で世界の成り立ちを説明するときに、最初に天ができ、次に地ができ、次に人間ができたとする、一種の創造論のことです。そして、当時の人々は、母音体系の中で、この三つを最も基本的な要素と見做し、他の母音はその組み合わせで表したり、それにさらに口の開きや口をつぼめるといった動作を組み合わせて規定しました。それと同時に、この三つの母音の発音上の特徴と音響上の特徴を、舌の収縮の程度とそれに連動する声の深さという観点から記述しています。詳しくは本書の「制字解」に見られる中声（母音字）の解説を味読していただきたいと思います。筆者は、この母音字に関する説明が、『訓民正音』の中で最も奥深く興味深い部分であると思います。子音字は枠組みとしては中国ですでに作られていた五音ないし七音という子音の種類と清濁などの範疇に従っています。それに対して母音字の説明はモデルになる理論があるわけでもなく、独自に観察した結果を理論的に精緻に組み立てており、しかもその結果は現代の音声学から見てもたいへん優れたものなのです。

さて、最後に、この本の題名になっている「訓民正音」とは何かということを改めて考えてみたいと思います。驚かれるかもしれませんが、実は話はそう単純ではありません。この問いに対する一般的な答えは、今日、韓国・朝鮮で使われているハングルと呼ばれる文字が、十五世紀に初めて作られたときの名称である、ということになるかと思います。これは結果的には間違いでありません。しかし、この文字が最初に作られたときの歴史的な記録を見ると、文字そのものの名称としては「諺文《げんぶん》」（慣用的な読み方はおんもん）という言い方のほうがずっと多く使われていました。そして、「訓民正音」というのは、実は、この新しく作られた文字の仕組みを解説した本の名前だったのです。しかし、本の名前がどうして文字の名前にもなるのでしょうか。そのあたりは専門家によっても意見が分かれる可能性があります。

そこで、まず「諺文」と「訓民正音」という言い方を比較してみましょう。まず、「諺文」はこの文字固有の名称というよりは漢文（文字）に対して自分たちの言語のことをいう一般的な表現です。それに対して、「訓民正音」は、文字通りの意味は「民に訓《おし》える正しい音」なのですが、これはまったくもって文字の名称らしくありません。あるいは、音と文字を同一視していたのでしょうか。そうだとしても、趙先生の「解説」にも説明されている通り、「正しい音」というのは自分たちの固有の言語の音を指すのではなく、「正しい漢字音」を指すとする見解もあります。しかし、いずれにしても世宗は「訓民正音」と題する本を作り、この中で、この新しく作った文字を詳しく解説しているのです。そして、書名としての「訓民正音」は、本の名前なのですから、固有名詞に近い性質を持っています。私は、世宗王は、さまざまな状況を考慮して、文字の名称を直接名付けることはあえてしなかったのではないかと推測します。

このことは、本書に載せられている崔万理らによる上疏文とも関係があります。世宗王はどうやら新しい文字を作るという作業を秘密裏に行っていたらしいのですが、それを一四四三年に突然発表します。それに対して崔万理ら、伝統的な中国との関係を重視する臣下たちは反対し、上疏文として訴えて、王に論争を挑んだのです。その中で彼らは、中華文明の周辺にあって、独自の文字を作っているのは蒙古、西夏、女真、日本、西蕃などであるが、これらはいずれも夷狄、すなわち野蛮な民族であって、中華を重んじる朝鮮が独自の新たな文字を作るのはあってはならないことと強力に反対しました。世宗は、おそらくそのことも予期していたのでしょう。それで、作りはしたのですが、これが特別な新しい文字である、ということは標榜せずに、単に「正しい音」であるという、間接的な表現を本の名前にしたのではないかと思います。だからといって、この本の内容を見れば、単に正しい音を示す、あるいは正しい漢字音を示すだけのものではなく、自分たちの言語を存分に表すことができる文字として作られたことは明らかでしょう。さて、ここで最初の疑問に戻りますが、この本の名前が文字を表す表現になっていないとしても、実用的には、『訓民正音』の中で解説されている文字を何らかの方法で指示する必要が生じます。それには「諺文」では普通の表現すぎて、この特別な文字の価値を認めるには不十分です。そこで後の人々は、「訓民正音」という一つの固有名詞を選んで、それに文字の名称としての用法も託したのではないかと思います。このことは最近の言語学でよく使われる換喩（メトニミー）という方法の一種であるともいえます。

（ふくい　れい／韓国語学）

訓民正音

國之語音異乎中國與文字
不相流通故愚民有所欲言
而終不得伸其情者多矣予
爲此憫然新制二十八字欲
使人人易習便於日用矣
ㄱ牙音如君字初發聲

影印（訓民正音 1 a）

並書如虯字初發聲

ㅋ 牙音如快字初發聲

ㆁ 牙音如業字初發聲

ㄷ 舌音如斗字初發聲

並書如覃字初發聲

ㅌ 舌音如呑字初發聲

ㄴ 舌音如那字初發聲

影印（訓民正音１b）

ㅂ。脣音。如彆字初發聲

並書。如步字初發聲

ㅍ。脣音。如漂字初發聲

ㅁ。脣音。如彌字初發聲

ㅈ。齒音。如卽字初發聲

並書。如慈字初發聲

ㅊ。齒音。如侵字初發聲

ㅅ。齒音。如戌字初發聲
並書。如邪字初發聲
ㆆ。喉音。如挹字初發聲
ㅎ。喉音。如虛字初發聲
並書。如洪字初發聲
ㅇ。喉音。如欲字初發聲
ㄹ。半舌音。如閭字初發聲

影印（訓民正音 2 b）

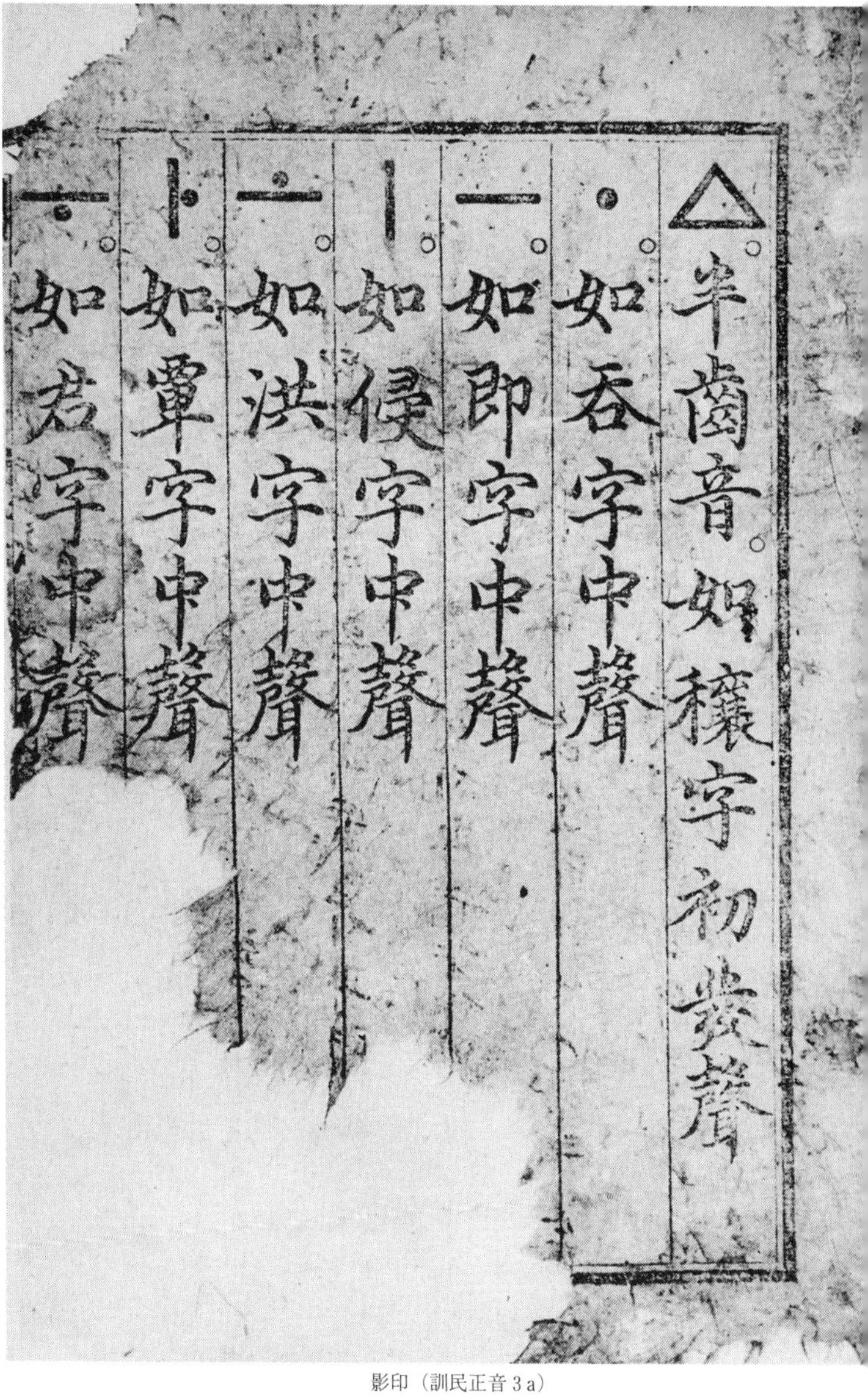
ㅿ。半齒音。如穰字初發聲
ㆍ。如呑字中聲
ㅡ。如即字中聲
ㅣ。如侵字中聲
ㅗ。如洪字中聲
ㅏ。如覃字中聲
ㅜ。如君字中聲

影印（訓民正音 3 a）

ㅓ。如業字中聲

ㅛ。如欲字中聲

ㅑ。如穰字中聲

ㅠ。如戌字中聲

ㅕ。如彆字中聲

終聲復用初聲。ㅇ連書脣音

之下。則爲脣輕音。初聲合用

影印（訓民正音 3 b）

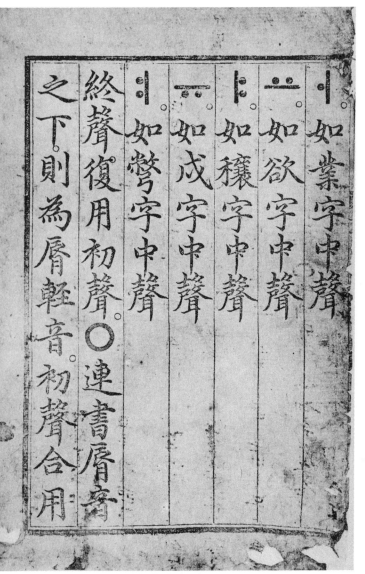

則並書。終聲同。ㆍㅡㅗㅜㅛ
ㅠ。附書初聲之下。ㅣㅏㅓㅑ
ㅕ。附書於右。凡字必合而成
音。左加一點則去聲。二則上
聲。無則平聲。入聲加點同而
促急

影印（訓民正音4a）

訓民正音解例

制字解

天地之道一陰陽五行而已坤復之間爲太極而動靜之後爲陰陽凡有生類在天地之間者捨陰陽

或問大學之道在明明德在止於止善何也曰古之

影印（訓民正音４b）

訓民正音解例

制字解

天地之道。一陰陽五行而已。坤復之間爲太極。而動靜之後爲陰陽。凡有生類在天地之間者。捨陰陽而何之。故人之聲音。皆有陰陽之理。顧人不察耳。今正音之作。初非智營而力索。但因其聲音而極其

影印（訓民正音解例 1 a）

理而已。理旣不二。則何得不與天
地鬼神同其用也。正音二十八字
各象其形而制之。初聲凡十七字。
牙音ㄱ。象舌根閉喉之形。舌音ㄴ。
象舌附上腭之形。脣音ㅁ。象口形。
齒音ㅅ。象齒形。喉音ㅇ。象喉形。ㅋ
比ㄱ。聲出稍厲。故加畫。ㄴ而ㄷ。ㄷ
而ㅌ。ㅁ而ㅂ。ㅂ而ㅍ。ㅅ而ㅈ。ㅈ而

影印（訓民正音解例１b）

ㅊ。ㅇ而ㆆ。ㆆ而ㅎ。其因聲加畫之
義皆同。而唯ㆁ爲異。半舌音ㄹ半
齒音ㅿ。亦象舌齒之形而異其體
無加畫之義焉。夫人之有聲本於
五行。故合諸四時而不悖。叶之五
音而不戾。喉邃而潤。水也。聲虛而
通。如水之虛明而流通也。於時爲
冬。於音爲羽。牙錯而長。木也。聲似

影印（訓民正音解例２a）

喉。而實。如木之生於水而有形也。
於時爲春。於音爲角。舌銳而動。火
也。聲轉而颺。如火之轉展而揚揚
也。於時爲夏。於音爲徵。齒剛而斷
金也。聲屑而滯。如金之屑瑣而鍛
成也。於時爲秋。於音爲商。脣方而
合。土也。聲含而廣。如土之含蓄萬
物而廣大也。於時爲季夏。於音爲

影印（訓民正音解例２b）

宮。然水乃生物之源火乃成物之
用。故五行之中。水火為大。喉乃出
聲之門。舌乃辨聲之管。故五音之
中。喉舌為主也。喉居後而牙次之。
北東之位也。舌齒又次之。南西之
位也。脣居末。土無定位而寄旺四
季之義也。是則初聲之中。自有陰
陽五行方位之數也。又以聲音清

影印（訓民正音解例 3 a）

濁而言之。ㄱㄷㅂㅈㅅㆆ。爲全清
ㅋㅌㅍㅊㅎ。爲次清。ㄲㄸㅃㅉㅆ
ㆅ。爲全濁。ㆁㄴㅁㅇㄹㅿ。爲不清
不濁。ㄴㅁㅇ。其聲最不厲。故次序
雖在於後。而象形制字則爲之始。
ㅅㅈ雖皆爲全清。而ㅅ比ㅈ。聲不
厲。故亦爲制字之始。唯牙之ㆁ。雖
舌根閉喉聲氣出鼻。而其聲與ㅇ

影印（訓民正音解例３b）

相似。故韻書疑與喩多相混用。今
亦取象於喉。而不爲牙音制字之
始。蓋喉屬水而牙屬木。ㆁ雖在牙
而與ㅇ相似。猶木之萌芽生於水
而柔軟。尙多水氣也。ㄱ木之成質。
ㅋ木之盛長。ㄲ木之老壯。故至此
乃皆取象於牙也。全清並書則爲
全濁。以其全清之聲凝則爲全濁

影印（訓民正音解例 4 a）

也。唯喉音次清爲全濁者。盖以ㆆ
聲深不爲之凝。ㅎ比ㆆ聲淺。故凝
而爲全濁也。ㅇ連書脣音之下。則
爲脣輕音者。以輕音脣乍合而喉
聲多也。中聲凡十一字。・舌縮而
聲深。天開於子也。形之圓。象乎天
也。ㅡ舌小縮而聲不深不淺。地闢
於丑也。形之平。象乎地也。ㅣ舌不

影印（訓民正音解例 4 b）

縮而聲淺。人生於寅也。形之立象
乎人也。此下八聲。一闔一闢。ㅗ與
ㆍ同而口蹙。其形則ㆍ與ㅡ合而
成。取天地初交之義也。ㅏ與ㆍ同
而口張。其形則ㅣ與ㆍ合而成。取
天地之用發於事物待人而成也。
ㅜ與ㅡ同而口蹙。其形則ㅡ與ㆍ
合而成。亦取天地初交之義也。ㅓ

影印（訓民正音解例 5 a）

與ㅡ同而口張。其形則ㆍ與ㅣ合
而成。亦取天地之用發於事物待
人而成也。ㅛ與ㅗ同而起於ㅣ。ㅑ
與ㅏ同而起於ㅣ。ㅠ與ㅜ同而起
於ㅣ。ㅕ與ㅓ同而起於ㅣ。ㅗㅏㅜ
ㅓ始於天地。為初出也。ㅛㅑㅠㅕ
起於ㅣ而兼乎人。為再出也。ㅗㅏ
ㅜㅓ之一其圓者。取其初生之義

影印（訓民正音解例 5 b）

也。ㅛㅑㅠㅕ之二其圓者。取其再
生之義也。ㅗㅏㅛㅑ之圓居上與
外者。以其出於天而爲陽也。ㅜㅓ
ㅠㅕ之圓居下與內者。以其出於
地而爲陰也。ㆍ之貫於八聲者。猶
陽之統陰而周流萬物也。ㅛㅑㅠ
ㅕ之皆兼乎人者。以人爲萬物之
靈而能參兩儀也。取象於天地人

影印（訓民正音解例 6 a）

而三才之道備矣。然三才爲萬物
之先。而天又爲三才之始。猶ㆍㅡ
ㅣ三字爲八聲之首。而ㆍ又爲三
字之冠也。ㅗ初生於天。天一生水
之位也。ㅏ次之。天三生木之位也。
ㅜ初生於地。地二生火之位也。ㅓ
次之。地四生金之位也。ㅛ再生於
天。天七成火之數也。ㅑ次之。天九

影印（訓民正音解例６b）

成金之數也。ㅠ再生於地。地六成水之數也。ㅕ次之。地八成木之數也。水火未離乎氣。陰陽交合之初。故闔。木金陰陽之定質。故闢。ㆍ天五生土之位也。ㅡ地十成土之數也。ㅣ獨無位數者。盖以人則無極之眞。二五之精。妙合而凝。固未可以定位成數論也。是則中聲之中

影印（訓民正音解例 7 a）

亦自有陰陽五行方位之數也。以
初聲對中聲而言之。陰陽。天道也。
剛柔。地道也。中聲者。一深一淺一
闔一闢。是則陰陽分而五行之氣
具焉。天之用也。初聲者。或虛或實
或颺或滯或重若輕。是則剛柔著
而五行之質成焉。地之功也。中聲
以深淺闔闢唱之於前。初聲以五

影印（訓民正音解例 7 b）

音清濁和之於後。而爲初亦爲終
亦可見萬物初生於地。復歸於地
也。以初中終合成之字言之。亦有
動靜互根陰陽交變之義焉。動者。
天也。靜者。地也。兼乎動靜者。人也。
蓋五行在天則神之運也。在地則
質之成也。在人則仁禮信義智神
之運也。肝心脾肺腎質之成也。初

影印（訓民正音解例 8 a）

聲有發動之義。天之事也。終聲有
止定之義。地之事也。中聲承初之
生。接終之成。人之事也。蓋字韻之
要在於中聲。初終合而成音。亦猶
天地生成萬物。而其財成輔相則
必賴乎人也。終聲之復用初聲者。
以其動而陽者乾也。靜而陰者亦
乾也。乾實分陰陽而無不君宰也。

影印（訓民正音解例 8 b）

一元之氣。周流不窮。四時之運。循環無端。故貞而復元。冬而復春。初聲之復爲終。終聲之復爲初。亦此義也。吁。正音作而天地萬物之理咸備。其神矣哉。是殆天啓聖心而假手焉者乎。訣曰

天地之化本一氣

陰陽五行相始終

影印（訓民正音解例9a）

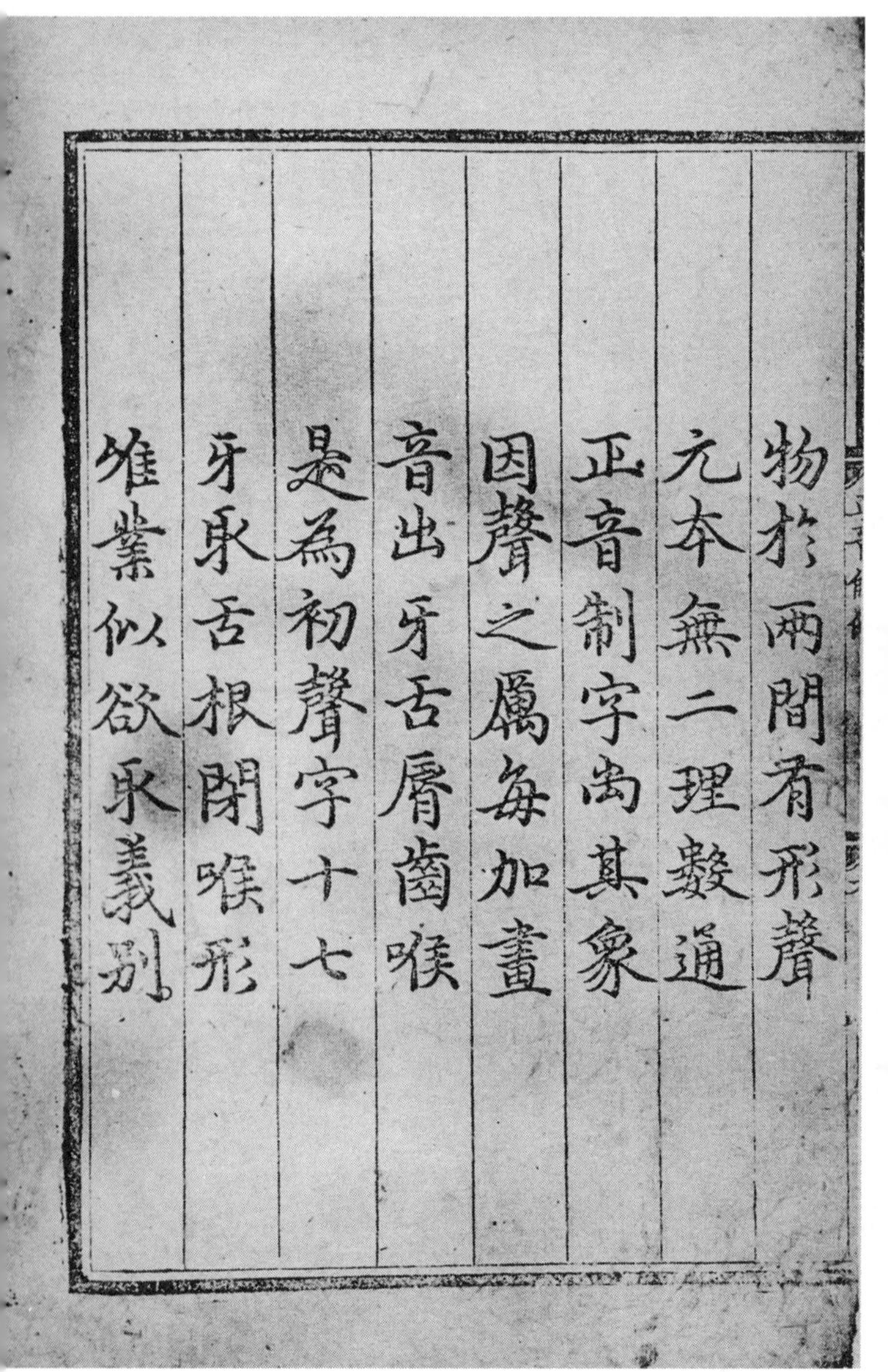

物於兩間有形聲
元本無二理數通
正音制字尚其象
因聲之厲每加畫
音出牙舌脣齒喉
是爲初聲字十七
牙取舌根閉喉形
唯業似欲取義別

影印（訓民正音解例９b）

舌迺象舌附上腭
脣則實是取口形
齒喉直取齒喉象
知斯五義聲自明
又有半舌半齒音
取象同而體則異
那彌戌欲聲不厲
次序雖後象形始

影印（訓民正音解例10a）

配諸四時與沖氣
五行五音無不協
維喉爲水冬與羽
牙迺春木其音角
徵音夏火是舌聲
齒則商秋又是金
脣於位數本無定
土而季夏爲宮音

影印（訓民正音解例10b）

聲音又自有淸濁
要於初發細推尋
全淸聲是君斗彆
即戌挹亦全淸聲
若迺快呑漂侵虛
五音各一爲次淸
全濁之聲虯覃步
又有慈邪亦有洪

影印（訓民正音解例11a）

全清並書爲全濁
唯洪自虛是不同
業那彌欲及閭穰
其聲不清又不濁
欲之連書爲脣輕
喉聲多而脣乍合
中聲十一亦取象
精義未可容易觀

影印（訓民正音解例11b）

呑擬於天聲最深
所以圓形如彈丸
即聲不深又不淺
其形之平象乎地
侵象人立厥聲淺
三才之道斯爲備
洪出於天尙爲闔
象取天圓合地平

影印（訓民正音解例12a）

覃亦出天爲已闢
發於事物就人成
用初生義一其圓
出天爲陽在上外
欲穰兼人爲再出
二圓爲形見其義
君業戌彆出於地
據例自知何須評

影印（訓民正音解例12b）

吞之爲字貫八聲
維天之用徧流行
四聲兼人亦有由
人參天地爲最靈
且就三聲究至理
自有剛柔與陰陽
中是天用陰陽分
初迺地功剛柔彰

影印（訓民正音解例13a）

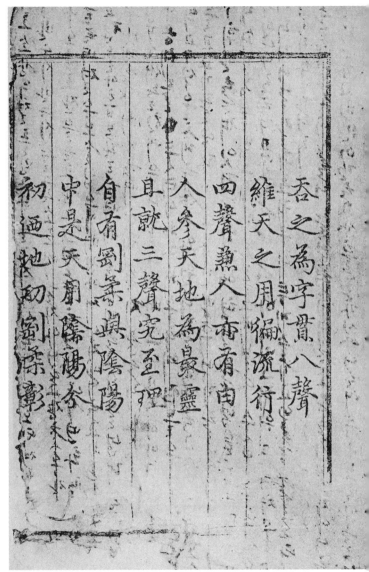

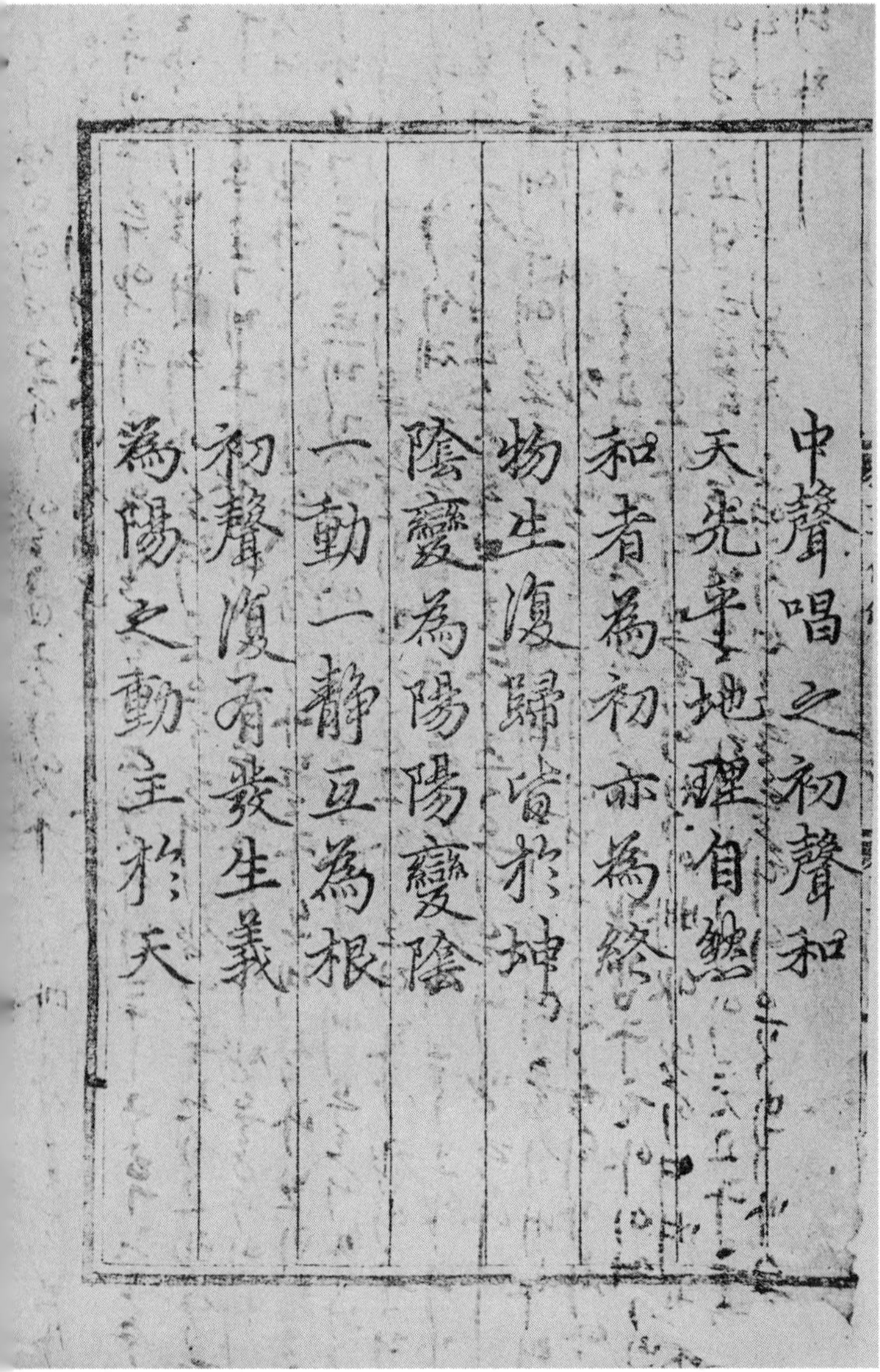

中聲唱之初聲和
天先乎地理自然
和者爲初亦爲終
物生復歸皆於坤
陰變爲陽陽變陰
一動一靜互爲根
初聲復有發生義
爲陽之動主於天

影印（訓民正音解例13b）

終聲比地陰之靜
字音於此止定焉
韻成要在中聲用
人能輔相天地宜
陽之爲用通於陰
至而伸則反而歸
初終雖云分兩儀
終用初聲義可知

正音之字只廿八
探賾錯綜窮深幾
指遠言近牖民易
天授何曾智巧爲

初聲解

正音初聲。即韻書之字母也。聲音由此而生。故曰母。如牙音君字初聲是ㄱ。ㄱ與ᅟᅮᆫ而爲군。快字初聲

影印（訓民正音解例14b）

是ㅋ。ㅋ與ㅙ而爲쾌。虯字初聲是
ㄲ。ㄲ與ㅠ而爲뀨。業字初聲是ㆁ。
ㆁ與ㅓㅂ而爲업之類。舌之斗呑覃
那。脣之彆漂步彌。齒之即侵慈戌
邪。喉之挹虛洪欲。半舌半齒之閭
穰。皆倣此。訣曰
君快虯業其聲牙
舌聲斗呑及覃那

影印（訓民正音解例15a）

彆漂步彌則是脣
齒有即侵慈戍邪
挹虛洪欲迺喉聲
閭爲半舌穰半齒
二十三字是爲母
萬聲生生皆自此

中聲解

中聲者。居字韻之中。合初終而成

影印（訓民正音解例15b）

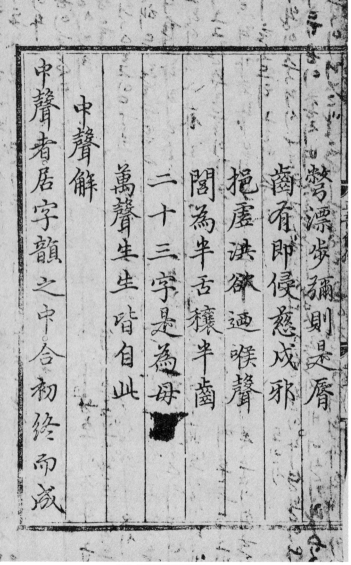

音。如呑字中聲是ㆍ。ㆍ居ㅌㄴ之
間而爲ᄐᆞᆫ。即字中聲是ㅡ。ㅡ居ㅈㄱ
ㄱ之間而爲즉。侵字中聲是ㅣ。ㅣ
居ㅊㅁ之間而爲침之類。洪覃君
業欲穰戌彆皆倣此。二字合用者
ㅗ與ㅏ同出於ㆍ。故合而爲ㅘ。ㅛ
與ㅑ又同出於ㅣ。故合而爲ㆇ。ㅜ
與ㅓ同出於ㅡ。故合而爲ㅝ。ㅠ與

ㅕ又同出於ㅣ。故合而爲ㆊ。以其
同出而爲類。故相合而不悖也。一
字中聲之與ㅣ相合者十。ㆎㅢㅚ
ㅐㅟㅔㆉㅒㆌㅖ是也。二字中聲
之與ㅣ相合者四。ㅙㅞㆈㆋ是也。
ㅣ於深淺闔闢之聲。並能相隨者。
以其舌展聲淺而便於開口也。亦
可見人之參贊開物而無所不通

影印（訓民正音解例16b）

也。訣曰

母字之音各有中
須就中聲尋闢闔
洪覃自呑可合用
君業出即亦可合
欲之與穰戌與彆
各有所從義可推
侵之爲用最居多

影印（訓民正音解例17a）

於十四聲徧相隨

終聲解

終聲者。承初中而成字韻。如即字
終聲是ㄱ。ㄱ居즈終而爲즉。洪字
終聲是ㆁ。ㆁ居ᅘᅩ終而爲ᅘᅩᇰ之類。
舌脣齒喉皆同。聲有緩急之殊。故
平上去其終聲不類入聲之促急。
不清不濁之字。其聲不厲。故用於

影印（訓民正音解例17b）

終則宜於平上去。全清次清全濁
之字。其聲爲厲。故用於終則宜於
入。所以ㆁㄴㅁㅇㄹㅿ六字爲平
上去聲之終。而餘皆爲入聲之終
也。然ㄱㆁㄷㄴㅂㅁㅅㄹ八字可
足用也。如빗곶爲梨花。엿의갗爲
狐皮。而ㅅ字可以通用。故只用ㅅ
字。且ㅇ聲淡而虛。不必用於終。而

影印（訓民正音解例18a）

中聲可得成音也。ㄷ如볃爲彆。ㄴ
如군爲君。ㅂ如업爲業。ㅁ如땀爲
覃。ㅅ如諺語옷爲衣。ㄹ如諺語실
爲絲之類。五音之緩急。亦各自爲
對。如牙之ㆁ與ㄱ爲對。而ㆁ促呼
則變爲ㄱ而急。ㄱ舒出則變爲ㆁ
而緩。舌之ㄴㄷ。脣之ㅁㅂ。齒之ㅿ
ㅅ。喉之ㅇㆆ。其緩急相對。亦猶是

影印（訓民正音解例18b）

也。且半舌之ㄹ。當用於諺。而不可
用於文。如入聲之彆字。終聲當用
ㄷ。而俗習讀爲ㄹ。蓋ㄷ變而爲輕
也。若用ㄹ爲彆之終。則其聲舒緩
不爲入也。訣曰

　不淸不濁用於終
　爲平上去不爲入
　全淸次淸及全濁

影印（訓民正音解例19a）

是皆爲入聲促急
初作終聲理固然
只將八字用不窮
唯有欲聲所當處
中聲成音亦可通
若書卽字終用君
洪彆亦以業斗終
君業覃終又何如

影印（訓民正音解例19b）

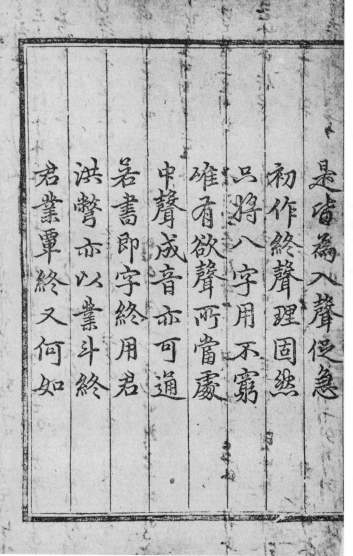

以那彆彌次第推
六聲通乎文與諺
戌閭用於諺衣絲
五音緩急各自對
君聲迺是業之促
斗彆聲緩爲那彌
穰欲亦對戌與挹
閭宜於諺不宜文

影印（訓民正音解例20a）

斗輕爲閭是俗習

合字解

初中終三聲。合而成字。初聲或在中聲之上。或在中聲之左。如君字ㄱ在ㅜ上。業字ㆁ在ㅓ左之類。中聲則圓者橫者在初聲之下。ㆍㅡㅗㅛㅜㅠ是也。縱者在初聲之右。ㅣㅏㅑㅓㅕ是也。如呑字ㆍ在ㅌ

影印（訓民正音解例20b）

下。即字ㅡ在ㅈ下。侵字ㅣ在ㅊ右之類。終聲在初中之下。如君字ㄴ在구下。業字ㅂ在ᅌᅥ下之類。初聲二字三字合用並書。如諺語ᄯᅡ為地。ᄧᅡᆨ為隻。ᄢᅳᆷ為隙之類。各自並書。如諺語혀為舌而ᅘᅧ為引。괴ᅇᅧ為我愛人而괴ᅇᅧ為人愛我。소다為覆物而쏘다為射之之類。中聲二

影印（訓民正音解例21a）

字三字合用。如諺語·과爲琴柱。·홰
爲炬之類。終聲二字三字合用。如
諺語흙爲土。·낛爲釣。ᄃᆞᇌᄣᅢ爲酉時
之類。其合用並書。自左而右。初中
終三聲皆同。文與諺雜用則有因
字音而補以中終聲者。如孔子ㅣ
魯ㅅ사ᄅᆞᆷ之類。諺語平上去入。如
활爲弓而其聲平。:돌爲石而其聲

影印（訓民正音解例21b）

上。·갈為刀而其聲去。·붇為筆而其
聲入之類。凡字之左。加一點為去
聲。二點為上聲。無點為平聲。而文
之入聲。與去聲相似。諺之入聲無
定。或似平聲。如긷為柱。녑為脅。或
似上聲。如:낟為穀。:깁為繒。或似去
聲。如·몯為釘。·입為口之類。其加點
則與平上去同。平聲安而和。春也。

影印（訓民正音解例22a）

萬物舒泰。上聲和而擧。夏也。萬物
漸盛。去聲擧而壯。秋也。萬物成熟。
入聲促而塞。冬也。萬物閉藏。初聲
之ㆆ與ㅇ相似。於諺可以通用也。
半舌有輕重二音。然韻書字母唯
一。且國語雖不分輕重。皆得成音。
若欲備用。則依脣輕例。ㅇ連書ㄹ
下。爲半舌輕音。舌乍附上腭。ㆍㅡ

影印（訓民正音解例22b）

起ㅣ聲於國語無用。兒童之言邊野之語或有之。當合二字而用。如ᄀᆝᄀᆜ之類。其先縱後橫。與他不同。

訣曰

初聲在中聲左上
挹欲於諺用相同
中聲十一附初聲
圓橫書下右書縱

影印（訓民正音解例23a）

欲書終聲在何處
初中聲下接着寫
初終合用各並書
中亦有合悉自左
諺之四聲何以辨
平聲則弓上則石
刀爲去而筆爲入
觀此四物他可識

影印（訓民正音解例23b）

音因左點四聲分
一去二上無點平
語入無定亦加點
文之入則似去聲
方言俚語萬不同
有聲無字書難通
一朝
制作侔神工

大東千古開矇矓

用字例

初聲ㄱ。如감爲柿。골爲蘆。ㅋ。如우케爲未舂稻。콩爲大豆。ㆁ。如러ᅌᅮᆯ爲獺。서ᅇᅦ爲流凘。ㄷ。如뒤爲茅。담爲墻。ㅌ。如고티爲繭。두텁爲蟾蜍。ㄴ。如노로爲獐。납爲猿。ㅂ。如볼爲臂。벌爲蜂。ㅍ。如파爲葱。풀爲蠅。ㅁ。

影印（訓民正音解例24b）

如뫼爲山。마爲薯藇。ㅸ。如사ᄫᅵ爲
蝦。드ᄫᅴ爲瓠。ㅈ。如자爲尺。죠ᄒᆡ爲
紙。ㅊ。如체爲籭。채爲鞭。ㅅ。如손爲
手。셤爲島。ㅎ。如부헝爲鵂鶹。힘爲
筋。ㅇ。如비육爲鷄雛。ᄇᆞ얌爲蛇。ㄹ。
如무뤼爲雹。어름爲氷。ㅿ。如아ᅀᆞ
爲弟。너ᅀᅵ爲鴇。中聲ㆍ。如ᄐᆞᆨ爲頤。
ᄑᆞᆺ爲小豆。ᄃᆞ리爲橋。ᄀᆞ래爲楸。ㅡ。

影印（訓民正音解例25a）

如·믈爲水。·발·측爲跟。·그력爲鴈。·드
·레爲汲器。ㅣ。如·깃爲巢。·밀爲蠟。·피
爲稷。·키爲箕。ㅜ。如·논爲水田。·톱爲
鉅。호·미爲鉏。·벼·로爲硯。ㅑ。如·밥爲
飯。·낟爲鎌。·이·아爲綜。·사ᄉᆞᆷ爲鹿。ㅠ。
如숫爲炭。·울爲籬。·누·에爲蚕。·구·리
爲銅。ㅕ。如브ᅀᅥᆸ爲竈。·널爲板。·서·리
爲霜。·버·들爲柳。ㅛ。如·죵爲奴。·고욤

影印（訓民正音解例25b）

爲梬 쇼爲牛 삽됴爲蒼朮菜。ㅑ。如
남샹爲龜 약爲鼅鼊 다야爲匜 쟈
감爲蕎麥皮。ㅠ。如 율믜爲薏苡 쥭
爲飯𣛹 슈룹爲雨繖 쥬련爲帨。ㅕ。
如 엿爲飴餹 뎔爲佛寺 벼爲稻 져
비爲燕。終聲ㄱ。如 닥爲楮 독爲甕。
ㆁ。如 굼벙爲蠐螬 올창爲蝌蚪。ㄷ。
如 갇爲笠 싣爲楓。ㄴ。如 신爲屨 반

影印（訓民正音解例26a）

ᄃᆡ爲螢。ㅂ。如섭爲薪。굽爲蹄。ㅁ。如범爲虎。ᄉᆡᆷ爲泉。ㅅ。如잣爲海松。못爲池。ㄹ。如ᄃᆞᆯ爲月。별爲星之類

有天地自然之聲。則必有天地自然之文。所以古人因聲制字。以通萬物之情。以載三才之道。而後世不能易也。然四方風土區別。聲氣亦隨而異焉。蓋外國

影印（訓民正音解例26b）

之語。有其聲而無其字。假中國
之字以通其用。是猶枘鑿之鉏
鋙也。豈能達而無礙乎。要皆各
隨所處而安。不可強之使同也。
吾東方禮樂文章。侔擬華夏。但
方言俚語。不與之同。學書者患
其旨趣之難曉。治獄者病其曲
折之難通。昔新羅薛聰。始作吏

影印（訓民正音解例27a）

讀。官府民間。至今行之。然皆假
字而用。或澁或窒。非但鄙陋無
稽而已。至於言語之間。則不能
達其萬一焉。癸亥冬。我
殿下創制正音二十八字。略揭
例義以示之。名曰訓民正音。象
形而字倣古篆。因聲而音叶七
調。三極之義。二氣之妙。莫不該

影印（訓民正音解例27b）

括以二十八字而轉換無窮簡
而要精而通故智者不終朝而
會愚者可浹旬而學以是解書
可以知其義以是聽訟可以得
其情字韻則清濁之能辨樂歌
則律呂之克諧無所用而不備
無所往而不達雖風聲鶴唳雞
鳴狗吠皆可得而書矣遂

影印（訓民正音解例28a）

命詳加解釋。以喩諸人。於是。臣
與集賢殿應教臣崔恒。副校理
臣朴彭年。臣申叔舟。修撰臣成
三問。敦寧府注簿臣姜希顔。行
集賢殿副修撰臣李塏。臣李善
老等。謹作諸解及例。以叙其梗
槩。庶使觀者不師而自悟。若其
淵源精義之妙。則非臣等之所

能發揮也。恭惟我
殿下。天縱之聖。制度施爲超越
百王。正音之作。無所祖述。而成
於自然。豈以其至理之無所不
在。而非人爲之私也。夫東方有
國。不爲不久。而開物成務之
大智。蓋有待於今日也歟。正統
十一年九月上澣。資憲大夫禮

影印（訓民正音解例29a）

曹判書集賢殿大提學知春秋
館事世子右賓客臣鄭麟趾
拜手稽首謹書

訓民正音

影印（訓民正音解例29b）

[訳注]
趙義成（チョ・ウイソン）
1964年東京都に生まれ、新潟市に育つ。東京外国語大学大学院修士課程修了。韓国・延世大学校文科大学国語国文学科大学院博士課程単位取得退学。現在、東京外国語大学大学院准教授。専攻、朝鮮語学。著書に『NHK出版 CDブック 基本ハングル文法——初級から中級まで』（NHK出版）『月印釈譜（巻一）語彙索引』（韓国・博而精）、論文に「起点的意味を表す中期朝鮮語の諸形式について」（『朝鮮半島のことばと社会——油谷幸利先生還暦記念論文集』）などがある。
ウェブサイト http://www.tufs.ac.jp/ts/personal/choes/

平凡社ライブラリー 940
訓民正音《くんみんせいおん》

発行日…………2023年2月10日　初版第1刷

訳注……………趙義成
発行者…………下中美都
発行所…………株式会社平凡社
〒101-0051　東京都千代田区神田神保町3-29
電話　(03)3230-6579[編集]
(03)3230-6573[営業]

印刷・製本……中央精版印刷株式会社
協力……………創栄図書印刷株式会社
ＤＴＰ…………平凡社制作
装幀……………中垣信夫

ISBN978-4-582-76940-1

平凡社ホームページ https://www.heibonsha.co.jp/

野間秀樹著
新版 ハングルの誕生
人間にとって文字とは何か

ハングルの仕組みを〈言語学的〉に、そしてその成り立ちを〈歴史〉から見ていくことで、ハングルの合理性、秘められた可能性を探っていく。韓国でもロングセラー！

解説＝辻野裕紀

岡百合子著
中・高校生のための朝鮮・韓国の歴史

外国からの侵略による被害の連続だったといわれる朝鮮・韓国の歴史。その侵略・被侵略の軸から見るのではなく、奥にある明るく大らかな実像に迫った新しい入門書の登場。大人も必読！

李光洙著／波田野節子訳
無情《ムジョン》

朝鮮近代文学の祖と言われるも、解放後「親日」と糾弾され消息不明となった李光洙。日本統治下の人々と社会をつぶさに描き、旧世界への危機感を喚起した傑作。

村山修一著
日本陰陽道史話

陰陽道とその歴史における第一人者による入門書の決定版。現代にも広く深く日本人の心に生き続ける陰陽道は、なぜこれほどまでの力を保ちつづけたのか。

中川裕著
改訂版 アイヌの物語世界

アイヌ＝「人間」とカムイ＝「人間にない力を持つものすべて」が織りなすさまざまな物語——『ゴールデンカムイ』の監修者がひもとく、豊かなアイヌの世界観と口承文芸の魅力。